Samsung® Galaxy Tab 3

Note 3 et Gear

Nicolas Boudier-Ducloy

Micro Application

SOMMAIRE

1 DÉBALLER ET DÉMARRER LA TAB 3

001 • Tour du propriétaire ..... p. 8
002 • Mise en charge ..... p. 12
003 • Premier démarrage ..... p. 14
004 • Se connecter à un réseau Wi-Fi ..... p. 26
005 • Créer un compte Google ..... p. 28
006 • Mettre en veille et en sortir ..... p. 36
007 • Redémarrer et éteindre ..... p. 38

2 DÉCOUVRIR LA TAB 3

008 • L'écran d'accueil ..... p. 42
009 • Gérer les pages ..... p. 46
010 • Accéder aux applications ..... p. 50
011 • Ajouter des applications à un écran ..... p. 52
012 • Gérer les applications sur les écrans ..... p. 54
013 • Créer et gérer les groupes d'applications ..... p. 56
014 • Ajouter des widgets à un écran ..... p. 60
015 • Gérer les widgets à l'écran ..... p. 62
016 • Choisir un fond d'écran fixe ou animé ..... p. 64

3 GÉRER LES PHOTOS ET VIDÉOS

017 • Utiliser l'appareil photo ..... p. 68
018 • Retoucher des photos ..... p. 78
019 • Paramétrer la caméra ..... p. 84
020 • Capturer une vidéo ..... p. 86
021 • Rogner une vidéo ..... p. 88
022 • Visualiser photos et vidéos ..... p. 90

4 ÉCOUTER DE LA MUSIQUE

023 • Charger de la musique .... p. 94
024 • Utiliser le lecteur .... p. 98
025 • Modifier le volume .... p. 100
026 • Utiliser l'équaliseur .... p. 102

5 REGARDER DES VIDÉOS AVEC LA TAB 3

027 • Charger des vidéos .... p. 106
028 • Utiliser le lecteur .... p. 110
029 • Regarder des vidéos sur YouTube .... p. 112

6 GÉRER LES APPLICATIONS DE LA TAB 3

030 • Démarrer Samsung Apps .... p. 116
031 • Installer une application Samsung Apps .... p. 122
032 • Gérer son compte Samsung Apps .... p. 126
033 • Démarrer Google Play Store .... p. 128
034 • Télécharger un élément sur Play Store .... p. 130
035 • Mettre à jour les applications .... p. 132
036 • Désinstaller une application .... p. 134
037 • Suveiller les applications en cours d'exécution .... p. 136

7 COMMUNIQUER AVEC LA TAB 3

038 • Configurer Email .... p. 140
039 • Écrire et recevoir des e-mails .... p. 144
040 • Utiliser Gmail .... p. 148
041 • Utiliser Google+ .... p. 150
042 • Utiliser Facebook .... p. 154
043 • Utiliser Tweeter .... p. 158
044 • Utiliser le navigateur Internet .... p. 162
045 • Gérer les favoris .... p. 164

SOMMAIRE

8 DÉBALLER ET DÉMARRER LA NOTE 3

046 • Tour du propriétaire .... p. 168
047 • Premier démarrage .... p. 172
048 • Découvrir le stylet .... p. 174
049 • Découvrir Air Command .... p. 176
050 • Utiliser Action Memo .... p. 178
051 • Utiliser Album .... p. 180
052 • Utiliser Capture .... p. 182
053 • Utiliser S Finder .... p. 184
054 • Utiliser les applications flottantes .... p. 186
055 • Créer des notes évoluées .... p. 190
056 • Gérer le multiécran .... p. 194

9 DÉBALLER ET DÉMARRER LA GEAR

057 • Tour du propriétaire .... p. 202
058 • Démarrer la Gear et la Note 3 .... p. 206
059 • Découvrir le Gear Manager .... p. 210
060 • Paramétrer la Gear .... p. 212
061 • Installer des logiciels .... p. 216
062 • Naviguer dans la Gear .... p. 220
063 • Prendre des photos .... p. 224
064 • Capturer des vidéos .... p. 226
065 • Visionner les photos et vidéos enregistrées .... p. 228
066 • Utiliser le contrôleur multimédia .... p. 232
067 • Gérer le volume et la luminosité .... p. 234
068 • S'entretenir avec la Gear .... p. 236
069 • Utiliser S Voice .... p. 242
070 • Téléphoner avec la Gear .... p. 244

Glossaire .... p. 224
Index .... p. 228

SAMSUNG
23:41
Lun. 16 Décembre
Ensoleillé 5°C
Google bloque des certificats de sécurité Internet émis par une...
Fleur Pellerin s'attaque au sexisme sur le Web
Google
ChatON
Group Play
Aide
Dropbox
Polaris Office
Samsung Apps
Play Store
S Planner
Email
Internet
YouTube
Maps
Paramètres
Applis
23:41
9°c
Google
Téléphone
Contacts
Messages
Internet
Applis

CHAPITRE 1

001 • Tour du propriétaire
002 • Mise en charge
003 • Premier démarrage
004 • Se connecter à un réseau Wi-Fi
005 • Créer un compte Google
006 • Mettre en veille et en sortir
007 • Redémarrer et éteindre

DÉBALLER ET DÉMARRER LA TAB 3

Tour du propriétaire

Avant même de démarrer votre tablette Galaxy Tab 3, un petit tour extérieur vous permettra de découvrir les quelques boutons à votre disposition pour interagir avec elle et les autres éléments la constituant.

1 Les deux ronds en haut à gauche du logo sont, en partant de la gauche, le capteur de lumière et la caméra frontale de 1,3 Mégapixels.

2 Ce bouton sensible au toucher est le bouton **Menu**, tant pour le système que pour les applications.

3 Le bouton du milieu est le bouton **Accueil**, qui permet, à tout moment, de revenir à l'écran d'accueil.

4 Ce bouton sensible au toucher est le bouton **Retour**, qui permet de revenir en arrière dans les applications.

5 Au centre, l'écran tactile de votre tablette.

ILLUMINATION Les boutons sensibles au toucher Menu et Retour s'illuminent lorsque vous les touchez et s'éteignent automatiquement après un petit laps de temps. Cela est pratique pour les repérer dans la pénombre.

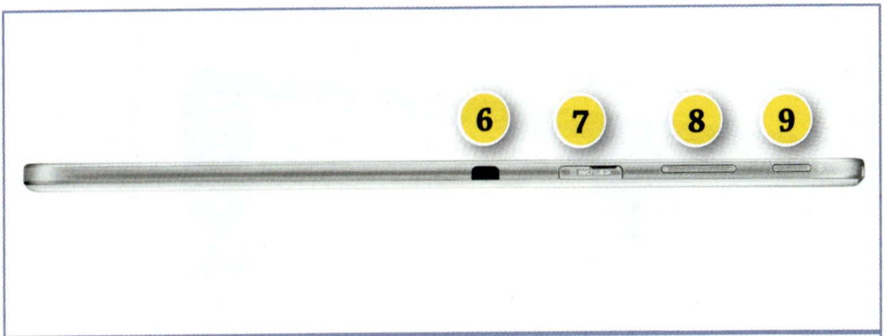

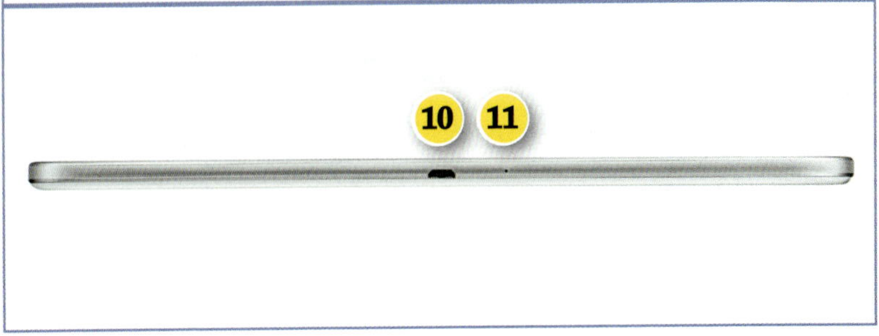

6 Ce rectangle noir est un capteur infrarouge.

7 À droite se trouve le logement d'extension pouvant accueillir une carte mémoire au format MicroSD d'une capacité maximale de 64 Go.

8 Le bouton suivant permet de modifier le volume. Une pression à gauche, du côté du logement pour la carte mémoire, permet de monter le volume. Une pression de l'autre côté permet de diminuer le volume.

9 Ce bouton est le bouton d'alimentation de la tablette.

10 Ce connecteur Micro USB permet le rechargement de la batterie de votre tablette ainsi que sa connexion à un ordinateur.

11 Le petit trou est le microphone.

Tour du propriétaire

Votre tablette dispose de capteurs photo/vidéo, l'un en façade, l'autre au dos. Vous pouvez utiliser l'un ou l'autre pour les captures. Et pour l'audio, la stéréo est de mise avec un haut-parleur de chaque côté de la tablette.

1 De chaque côté, les grilles placées en hauteur sont les haut-parleurs de la tablette. Le côté gauche dispose, en plus du haut-parleur, d'une prise Jack 3.5 mm pour y connecter un casque audio.

2 Au dos de la tablette se trouve la caméra dorsale de 3 Mégapixels.

PRISE CASQUE **À l'aide de la prise casque, vous pouvez connecter votre tablette à d'autres systèmes audio en utilisant un câble approprié. Cela vous permet de profiter du son de votre tablette sur des systèmes plus performants et plus puissants.**

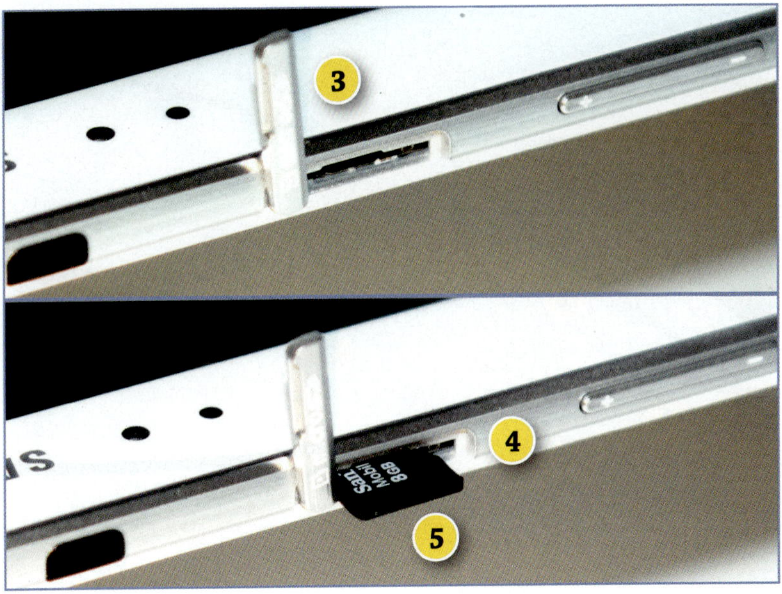

3 Pour insérer une carte mémoire dans votre tablette, ouvrez le logement avec votre ongle ou un petit tournevis, sans forcer. Glissez la trappe sur le côté.

4 Insérez votre carte mémoire. Si elle bloque, c'est qu'elle n'est pas dans le bon sens. Un détrompeur empêche son insertion dans le mauvais sens.

5 Poussez-la jusqu'au bout puis refermez la trappe.

Mise en charge

Avant de démarrer votre tablette, il est préférable de la charger complètement. Vous pouvez la charger de deux manières, avec et sans ordinateur.

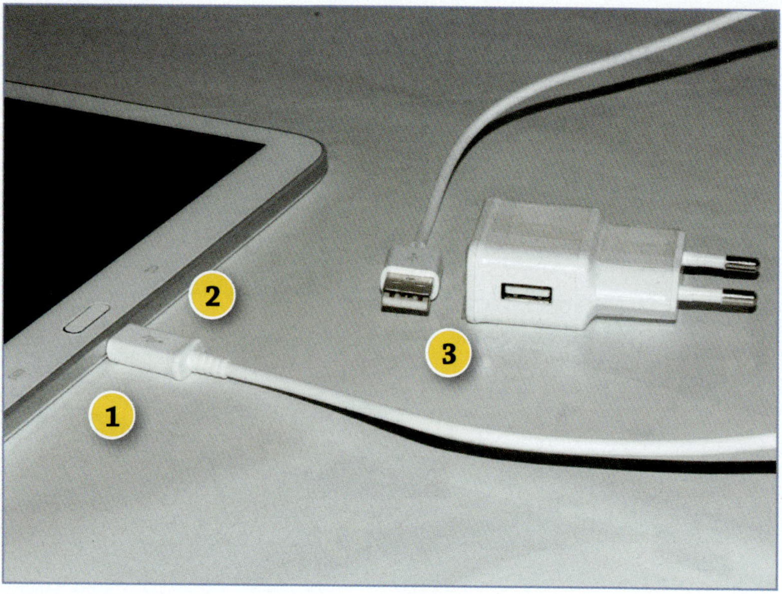

1 Connectez la fiche d'alimentation au port d'alimentation placé sur le bord inférieur de la tablette.

2 Attention, il y a un sens pour insérer la fiche. Si cela ne rentre pas, ne forcez pas et retournez la fiche.

3 Connectez l'autre bout du cordon d'alimentation soit au bloc d'alimentation et à une prise de courant, soit à un port USB d'un ordinateur.

HORS OU SOUS TENSION **Pour recharger votre tablette, il n'est pas nécessaire qu'elle soit sous tension. Elle peut être éteinte. D'ailleurs, si elle est éteinte, elle se rechargera plus rapidement puisqu'elle ne consommera pas d'énergie.**

4 La tablette se met en charge. Si votre tablette n'est pas sous tension, une indication sur le niveau actuel de la batterie est affichée sur l'écran.

5 L'animation du niveau de la batterie n'est plus affichée après un bref laps de temps. Pour l'afficher de nouveau et connaître ainsi le niveau de chargement, effectuez un appui bref sur le bouton d'alimentation.

6 Si votre tablette est allumée, l'icône de la batterie, en haut à droite, affiche un éclair indiquant que la charge est en cours.

Premier démarrage

Maintenant que vous avez fait le tour de votre tablette, il est temps de la démarrer et de découvrir ce qu'elle peut vous offrir. Le premier démarrage est le plus long.

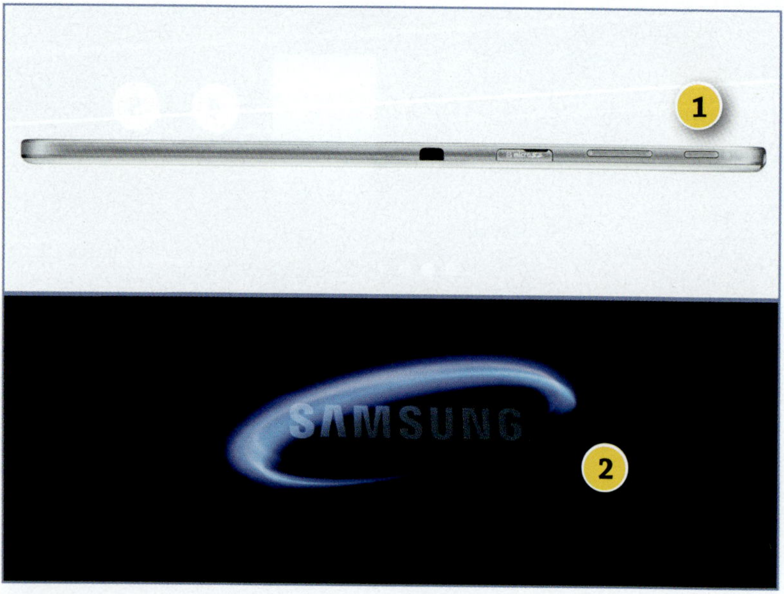

1 Effectuez un appui long sur le bouton d'alimentation placé complètement à gauche de la tranche supérieure de la tablette.

2 La tablette démarre avec une animation du logo Samsung et une petite musique.

IMPORTANT La procédure du premier démarrage doit être suivie avec attention, car certaines informations saisies et certaines options définies ne pourront pas être modifiées par la suite.

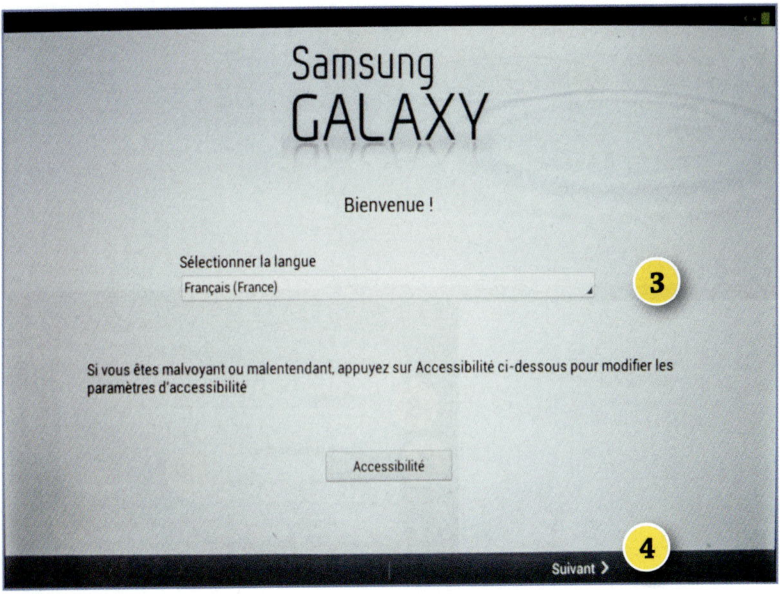

3 Le premier écran qui s'affiche vous permet de choisir la langue de votre tablette. Par défaut c'est le français, mais vous pouvez en choisir une autre en appuyant sur **Français (France)**.

4 Appuyez sur **Suivant** pour continuer.

Premier démarrage

Pour vous connecter à un réseau Wi-Fi, vérifiez que celui-ci est actif et qu'il est correctement paramétré. En cas de soucis, vérifiez les paramètres de la box de votre fournisseur, par exemple.

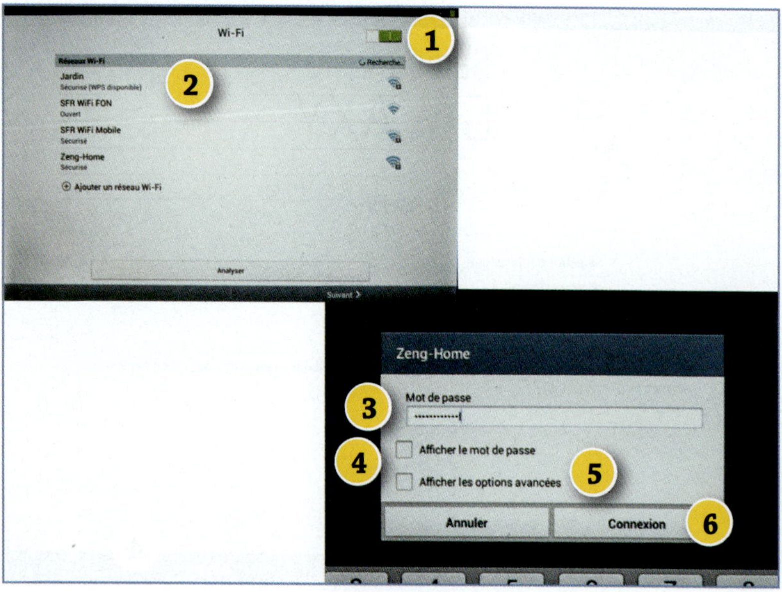

1 L'écran suivant vous permet de choisir votre réseau Wi-Fi. L'activité Wi-Fi est automatiquement activée. Pour la désactiver, appuyez sur ce commutateur.

2 Pour choisir un réseau détecté, appuyez sur son nom.

3 Un écran vous permet de saisir le mot de passe correspondant à ce réseau.

4 Pour être sûr de la bonne saisie du mot de passe, activez la case **Afficher le mot de passe**.

5 Si le réseau Wi-Fi nécessite des options de connexion, activez la case **Afficher les options avancées**.

6 Appuyez sur le bouton **Connexion** pour connecter la tablette au réseau Wi-Fi.

CARACTÉRISTIQUES DU RÉSEAU **Sous le nom de chaque réseau Wi-Fi détecté est indiqué le type de protection de ce réseau. La mention Ouvert indique généralement un réseau public disponible tandis que la mention Sécurisé indique l'obligation de renseigner un mot de passe pour s'y connecter.**

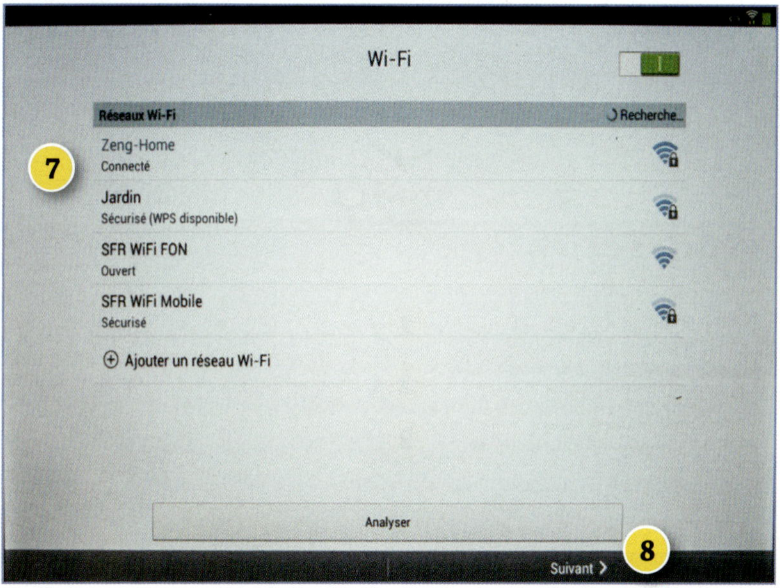

7 Si la connexion est bien établie, la mention **Connecté** est affichée sous le nom du réseau.

8 Appuyez sur le bouton **Suivant** pour continuer.

Premier démarrage

Le réglage de la date, de l'heure et du fuseau est utile pour certaines options d'applications comme les agendas, les réveils ou toutes applications utilisant le temps comme repère.

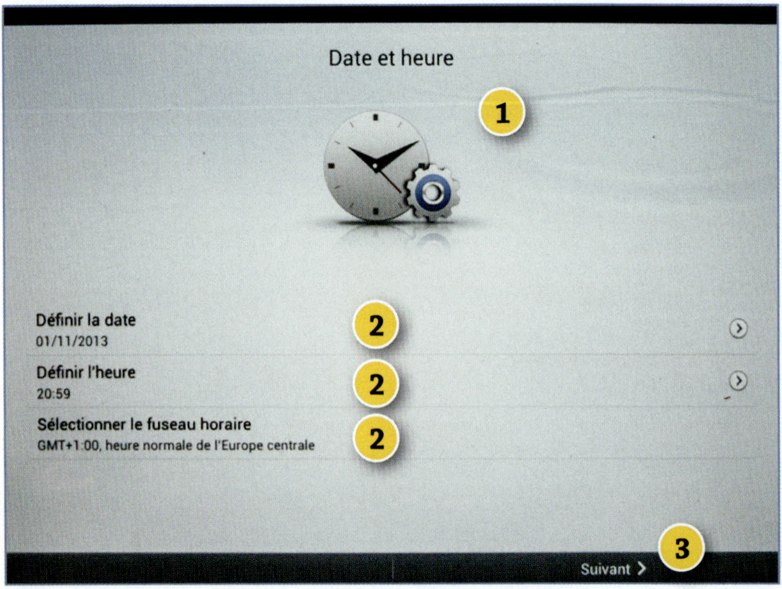

1 Dans l'écran suivant, vous pouvez régler la date, l'heure et le fuseau horaire pour votre tablette.

2 Si un ou plusieurs de ces éléments ne sont pas corrects, appuyez dessus pour les régler.

3 Après le réglage, appuyez sur le bouton **Suivant** pour continuer.

OBLIGATOIRE **Pour utiliser votre tablette, vous êtes obligé d'accepter le contrat d'utilisateur final. Si vous ne le faites pas, vous ne pourrez pas continuer la procédure du premier démarrage et donc, au final, vous ne pourrez pas utiliser votre tablette. Lisez-la bien pour en connaître le contenu.**

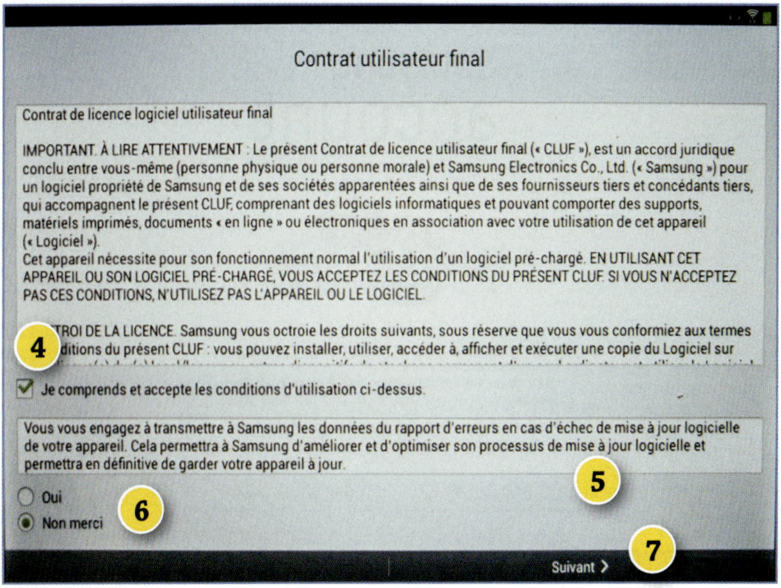

4 Dans l'écran suivant, vous devez accepter le contrat d'utilisateur en activant cette case.

5 Vous pouvez choisir de transmettre à Samsung certaines informations concernant les erreurs de mises à jour de votre tablette.

6 Acceptez ou refusez en choisissant l'option de votre choix.

7 Appuyez sur le bouton **Suivant** pour continuer.

Premier démarrage

La création d'un compte Samsung n'est pas obligatoire pour l'utilisation de votre tablette. Néanmoins, ce compte peut vous permettre de profiter d'offres spéciales de la part de Samsung sur des applications et/ou des jeux.

1 L'écran suivant vous permet de créer un compte Samsung.

2 Appuyez sur le bouton **Ignorer** pour continuer, la création de ce compte est abordée dans le chapitre **Gérer les applications de la Tab 3**.

QUASI OBLIGATOIRE **Un compte Google n'est pas nécessaire pour utiliser votre tablette, mais sans ce compte vous ne pourrez pas accéder ni profiter de la boutique en ligne de Google : le Play Store.**

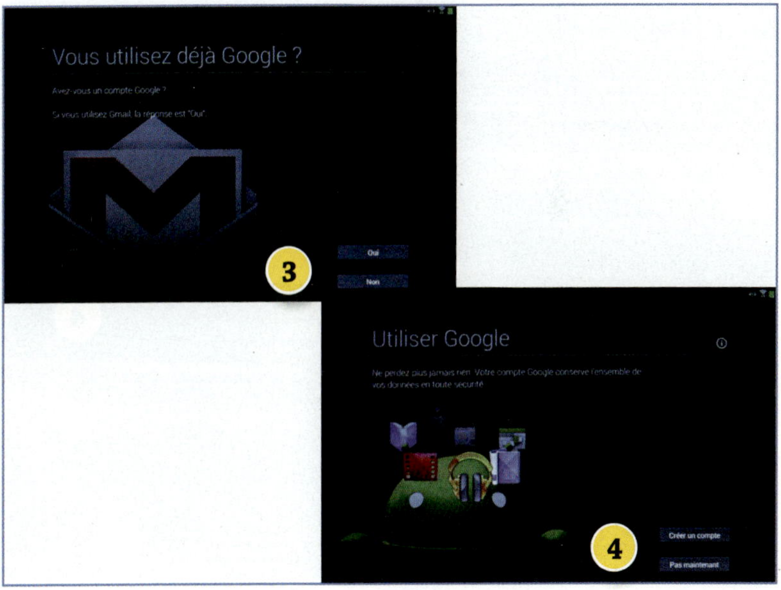

3 Les deux écrans suivants permettent de créer un compte Google. Dans le premier, appuyez sur **Non** pour continuer.

4 Dans le second, appuyez sur **Pas maintenant** pour sauter cette création. Elle est abordée plus loin dans ce chapitre.

Premier démarrage

La connexion Internet de votre tablette, via le Wi-Fi, peut être utilisée pour vous géolocaliser, c'est-à-dire vous repérer géographiquement. Ces données de géolocalisation sont utilisées par des programmes ainsi que pour vous apporter du contenu publicitaire en relation avec votre position.

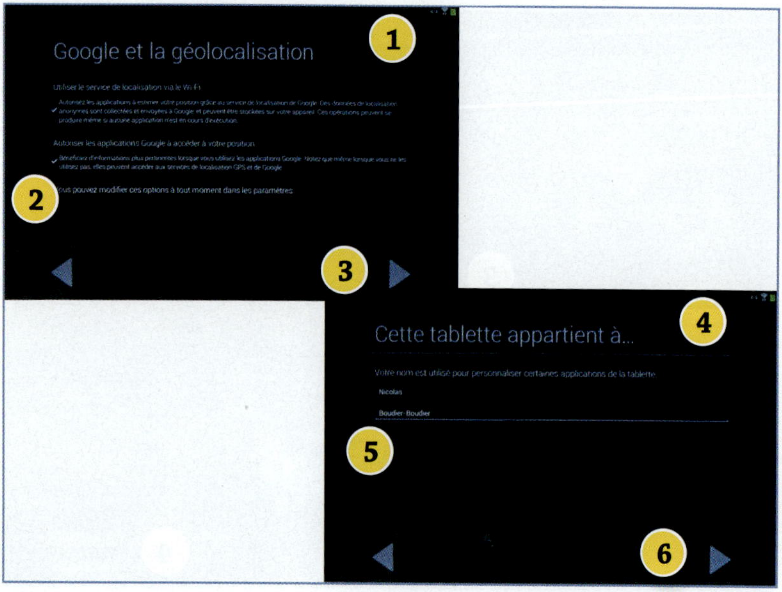

1 L'écran suivant vous permet d'activer ou de désactiver les services de géolocalisation de votre tablette.

2 Appuyez sur les cases de ce que vous voulez activer ou désactiver.

3 Appuyez sur la flèche en bas à droite pour continuer.

4 Cet écran vous permet de saisir le nom du propriétaire de la tablette.

5 Appuyez sur les champs à remplir pour faire apparaître le clavier et saisissez les informations de votre choix.

6 Appuyez sur la flèche en bas à droite pour continuer.

NUAGE AUTOMATIQUE **L'espace de stockage de votre tablette n'est pas infini. Samsung et Dropbox vous proposent un espace de stockage de 50 Go gratuit pendant 2 ans pour vos données, principalement photos et vidéos. Pour utiliser ce service, une connexion à Internet est requise.**

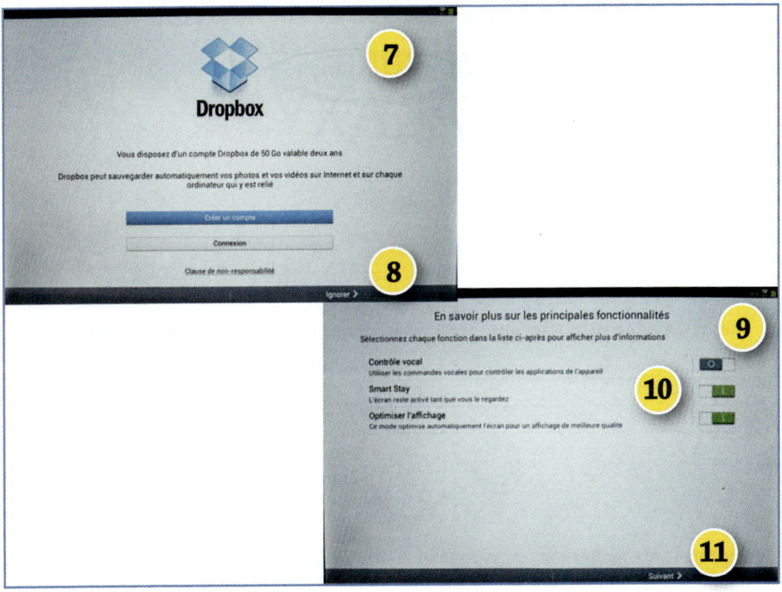

7 Cet écran vous permet de connecter votre tablette à un compte Dropbox. C'est un service de stockage de données dans le nuage.

8 Appuyez sur **Ignorer**, en bas à droite, pour continuer.

9 L'écran suivant vous permet d'activer ou de désactiver certaines fonctions de contrôle de la tablette.

10 Appuyez sur les commutateurs à droite pour activer ou désactiver ces fonctions.

11 Appuyez sur le bouton **Suivant** pour continuer.

Premier démarrage

La fin du premier démarrage est quasiment finie. Il ne vous reste plus qu'à donner un nom à votre tablette. Ce nom vous permettra de repérer votre tablette lors d'une connexion à un ordinateur ou sur un réseau.

1 La dernière action avant de pouvoir profiter de votre tablette est de lui donner un nom.

2 Appuyez dans le champ **Nom de l'appareil** puis saisissez le nom que vous voulez.

3 Appuyez sur **Terminer** pour finir le premier démarrage de la tablette.

RÉGLAGES ULTÉRIEURS Plusieurs réglages peuvent être effectués ou modifiés après le premier démarrage. C'est le cas notamment pour la création du compte Google ou Samsung, la gestion du Wi-Fi, la création ou la connexion à un compte Dropbox, etc.

4 L'écran d'accueil de votre tablette est affiché.

5 Les différentes parties qui le composent et son fonctionnement sont expliqués dans le chapitre **Découvrir la Tab 3**.

Se connecter à un réseau Wi-Fi

Si vous n'avez pu ou pas voulu vous connecter à un réseau Wi-Fi lors du premier démarrage de votre tablette, vous pouvez le faire à tout moment. De même, si vous devez changer de réseau Wi-Fi, la procédure est la même.

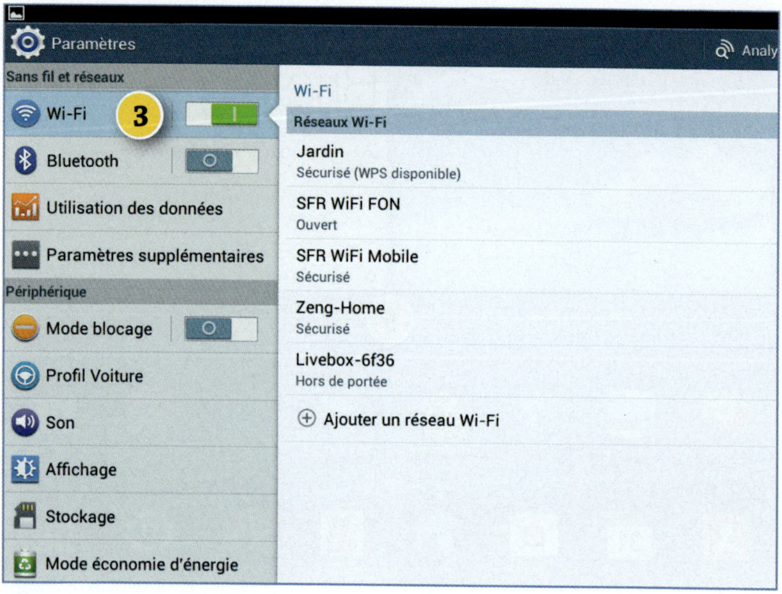

1 Appuyez sur le bouton **Menu**.

2 Dans le menu qui s'affiche, appuyez sur **Paramètres**.

3 Dans l'écran **Paramètres**, appuyez sur le commutateur **Wi-Fi** pour activer cette connexion.

OPTIONS DE CONNEXION **Si vous devez vous connecter à un réseau Wi-Fi d'entreprise, celui-ci peut nécessiter la saisie d'informations supplémentaires. La case Afficher les options avancées vous permet d'accéder à des options de connexion supplémentaires.**

4 Les réseaux Wi-Fi détectés par votre tablette sont listés.

5 Le type de sécurité est indiqué sous le nom du réseau.

6 La force du signal est représentée par l'icône complètement à droite. Plus il y a d'arcs de cercle bleus, plus le signal est fort.

7 Appuyez sur le nom du réseau pour vous connecter.

8 Si le réseau nécessite un mot de passe, une fenêtre s'affiche dans laquelle vous devez saisir le mot de passe correspondant.

9 Appuyez sur le bouton **Connexion** pour vous connecter au réseau.

Créer un compte Google

Pour pouvoir télécharger des applications, livres, musiques ou vidéos sur le Play Store de Google, vous devez obligatoirement posséder un compte Google. La création de ce compte est gratuite et peut être effectuée directement à partir de votre tablette du moment qu'elle soit connectée à Internet.

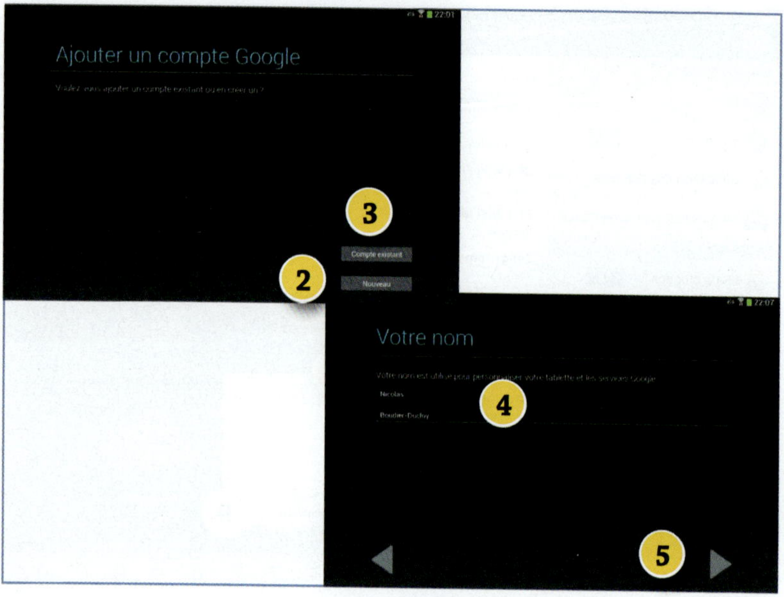

1 Sur l'écran d'accueil, appuyez sur l'icône **Play Store**.

2 Dans le premier écran qui s'affiche, appuyez sur **Nouveau**.

3 Si vous avez déjà un compte Google, appuyez sur **Compte existant** pour saisir vos identifiants.

4 Dans l'écran suivant, saisissez votre prénom et votre nom en appuyant sur les champs correspondants.

5 Appuyez sur le bouton fléché en bas à droite pour continuer.

COMPOSITION DU NOM D'UTILISATEUR **Vous pouvez théoriquement choisir n'importe quel nom pour votre nom d'utilisateur Google. Néanmoins, si ce compte est voué à être diffusé (e-mail, forum, etc.), essayez de créer un nom d'utilisateur explicite et/ou facile à retenir.**

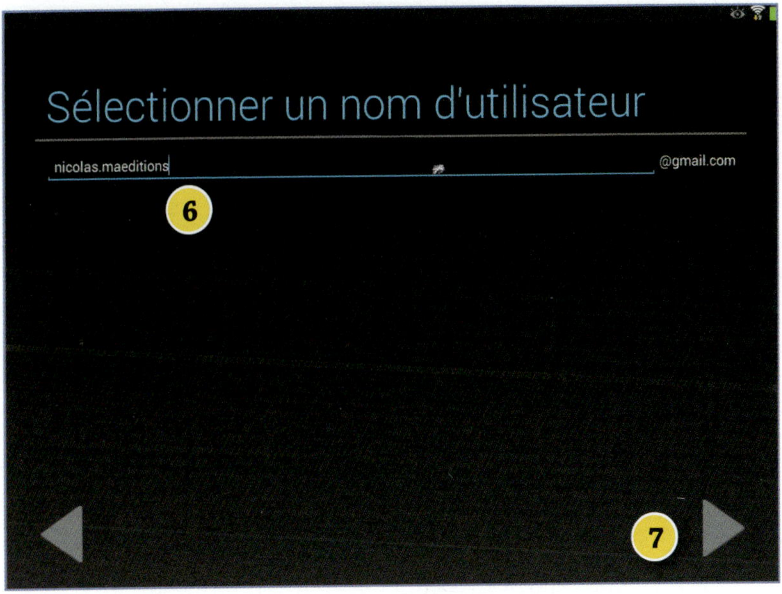

6 Dans l'étape suivante, vous devez choisir un nom d'utilisateur qui est, en fait, une adresse e-mail Google. Saisissez le nom d'utilisateur de votre choix qui sera automatiquement complété par **@gmail.com**. Ce nom d'utilisateur doit comporter entre 6 et 30 caractères sans espaces ni caractères spéciaux tels que les caractères accentués ou la ponctuation (hormis le point).

7 Appuyez sur le bouton fléché en bas à droite pour continuer.

8 Une vérification est effectuée pour savoir si le nom d'utilisateur est valable et disponible. Si ce n'est pas le cas, vous revenez à l'étape 6. S'il est disponible et valable, vous passez à l'étape suivante.

Créer un compte Google

Prenez votre temps pour créer votre compte Google et réfléchissez bien à votre nom d'utilisateur. En effet, vous ne pourrez pas le modifier par la suite et vous serez obligé d'en créer un nouveau pour avoir un nom d'utilisateur différent. Par contre, le mot de passe pourra être modifié.

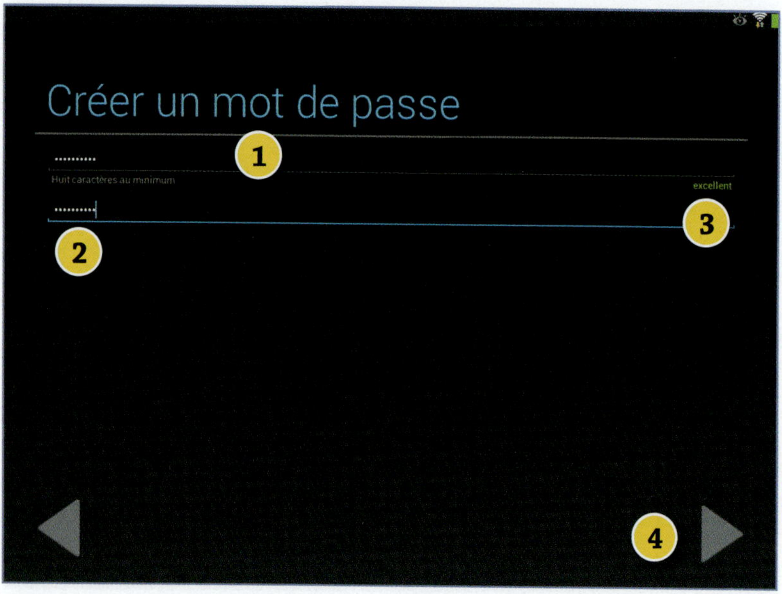

1 L'écran suivant vous demande de créer un mot de passe pour votre compte Google. Il doit faire au moins 8 caractères.

2 Saisissez-le une deuxième fois pour vérification.

3 Une indication sur la complexité de votre mot est indiquée sur la droite.

4 Appuyez sur le bouton fléché en bas à droite pour continuer.

SERVICES GOOGLE Avec la création de votre compte Google, vous pourrez accéder à tous les services en ligne de Google tels que Gmail, Google+, l'agenda, Maps, Drive, etc. Le tout gratuitement !

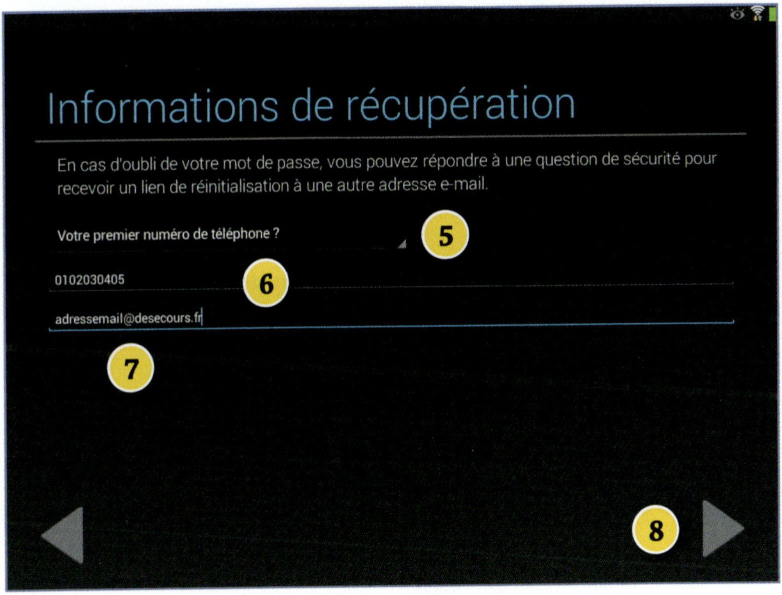

5 Dans l'écran suivant, vous devez choisir une question secrète dans la liste déroulante.

6 Saisissez la réponse à la question choisie dans le champ situé juste en dessous.

7 Saisissez une adresse e-mail existante qui servira d'adresse de secours en cas de soucis.

8 Appuyez sur le bouton fléché en bas à droite pour continuer.

Créer un compte Google

Google+ est le réseau social de Google, concurrent direct de Facebook. Le principe est le même et vous constituez des listes d'amis ou de connaissances appelés Cercles. Son utilisation est abordée dans le chapitre **Communiquer avec la Tab 3**.

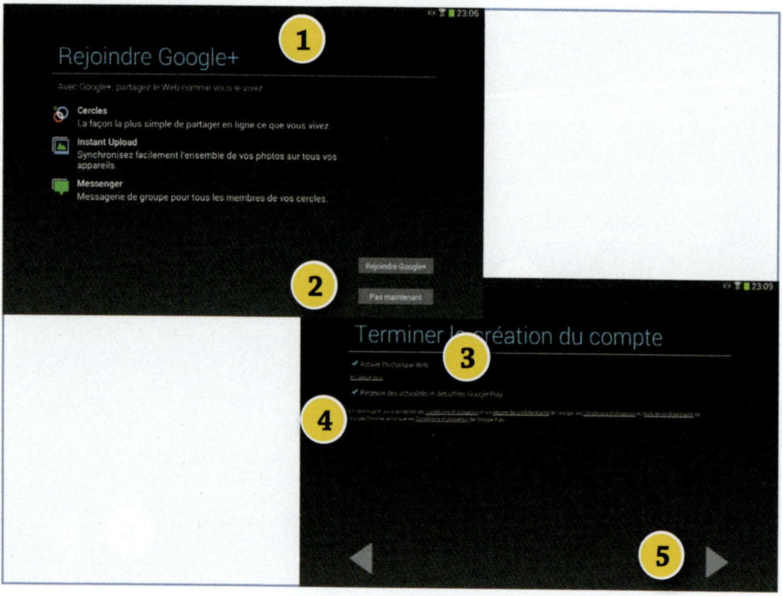

1 Il vous est proposé de rejoindre Google+.

2 Appuyez sur **Pas maintenant** pour continuer.

3 Pour finir, vous pouvez activer l'historique Web, qui affine les résultats de vos recherches en fonction des recherches précédentes. Activez cette case pour mettre en fonction l'historique Web.

4 Vous pouvez accepter de recevoir des offres de Google Play en activant cette case.

5 Appuyez sur le bouton fléché en bas à droite pour continuer.

CARTE DE PAIEMENT L'ajout de la carte de paiement n'est pas obligatoire, mais vous ne pourrez pas faire d'achat sur le Play Store. Vous pourrez seulement télécharger et installer des applications gratuites ou en version d'essai. Aucun livre, aucun film, aucune série, aucune musique.

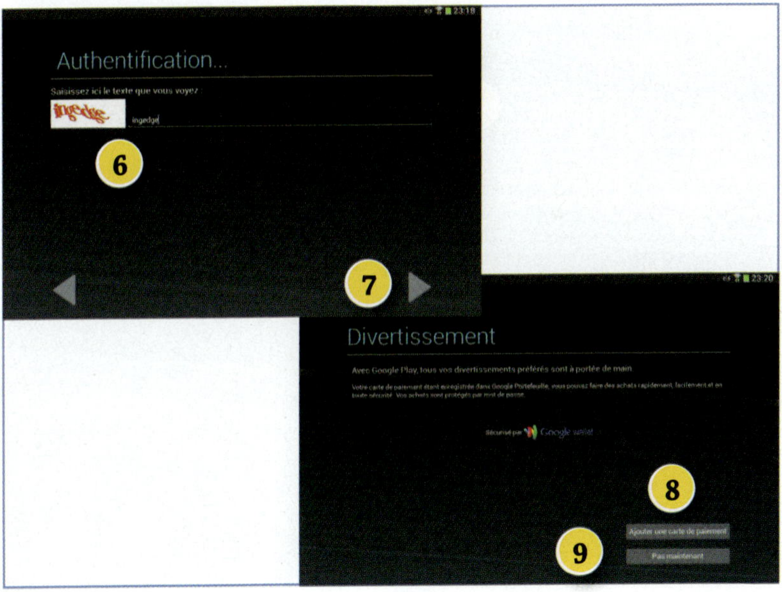

6 Une authentification vous est demandée. Vous devez saisir les lettres que vous reconnaissez.

7 Appuyez sur le bouton fléché en bas à droite pour continuer.

8 Après l'enregistrement de votre compte, vous pouvez ajouter une carte de paiement à votre compte Google afin d'effectuer des achats. Appuyez sur **Ajouter une carte de paiement**. Vous serez invité à saisir les informations de votre carte bancaire (titulaire, numéro et code de vérification).

9 Appuyez sur **Pas maintenant** pour continuer.

Créer un compte Google

Votre compte Google vous permet d'effectuer la sauvegarde de certaines données de votre tablette. Ainsi, les applications installées, vos contacts et votre agenda, par exemple, seront sauvegardés et restaurés automatiquement si vous devez réinitialiser votre tablette.

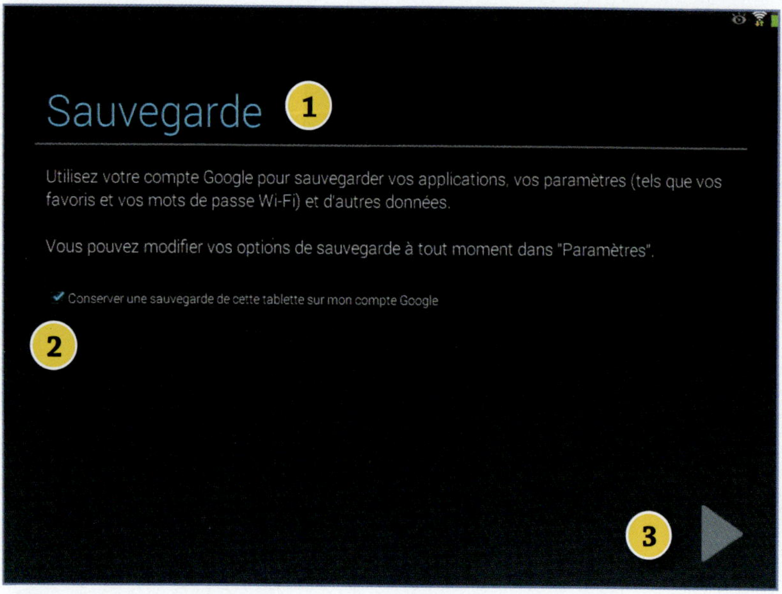

1 Avec votre compte Google, vous pouvez disposer d'une sauvegarde de vos données et applications.

2 Appuyez sur cette case pour activer votre sauvegarde.

3 Appuyez sur le bouton fléché en bas à droite pour continuer.

FIN DE LA CRÉATION Immédiatement après la création de votre compte Google, le Play Store est actif et tout son contenu peut être parcouru. Son contenu est géographique, c'est-à-dire que certains éléments peuvent être disponibles dans certains pays et pas dans d'autres.

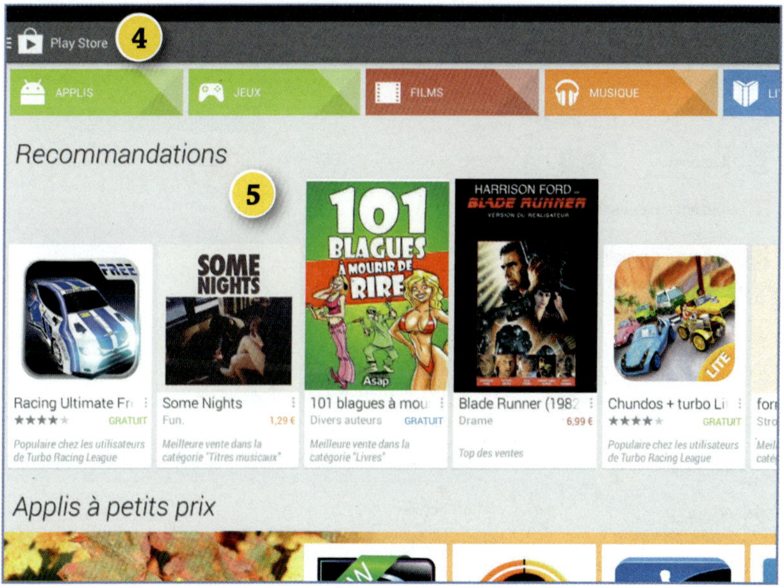

4 Votre compte est créé et le Play Store est démarré.

5 Le Play Store est expliqué plus en détail dans le chapitre **Gérer les applications de la Tab 3**.

Mettre en veille et en sortir

Afin d'économiser de la batterie, votre tablette se met en veille automatiquement au bout de quelques secondes. Vous pouvez aussi mettre votre tablette en veille manuellement ou modifier le temps d'attente pour la mise en veille automatique.

1 Appuyez sur le bouton **Menu** et, dans le menu qui s'affiche, appuyez sur **Paramètres**.

2 Dans la colonne de gauche de la fenêtre **Paramètres**, appuyez sur **Affichage**.

3 Dans la partie droite, appuyez sur **Mise en veille de l'écran**.

4 Une fenêtre s'affiche et vous permet de choisir le délai avant la mise en veille. En appuyant sur l'option de votre choix, le délai est automatiquement validé.

MISE EN VEILLE INACTIVE Certaines applications peuvent passer outre le délai de mise en veille défini. Cela est le cas de certains lecteurs vidéo. Cela est pratique lorsque vous regardez un film, car cela évite que votre tablette passe en veille durant le visionnage du film.

5 Pour mettre en veille manuellement votre tablette avant le délai programmé, appuyez brièvement sur le bouton d'alimentation.

6 Pour sortir de veille, appuyez brièvement sur le bouton d'alimentation. L'écran de verrouillage est affiché.

7 Pour déverrouiller votre tablette, appuyez sur l'écran et faites glisser votre doigt sur la partie droite de l'écran.

Redémarrer et éteindre

Pour économiser encore plus la batterie, vous pouvez éteindre votre tablette. De même, si un programme répond mal ou si le comportement de votre tablette ne vous semble pas normal, un redémarrage peut résoudre certains problèmes.

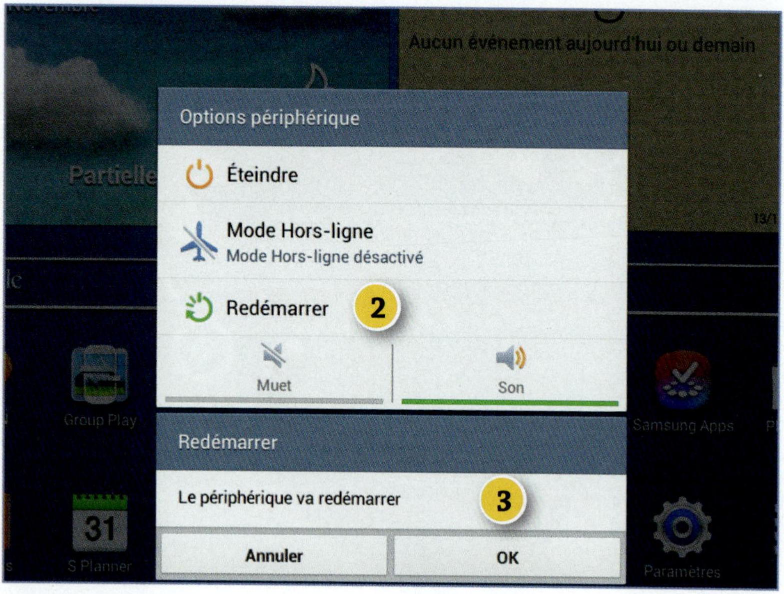

1 Effectuez une pression d'environ une seconde sur le bouton d'alimentation.

2 Dans la fenêtre qui s'affiche, appuyez sur **Redémarrer** pour redémarrer votre tablette.

3 Validez le redémarrage de votre tablette.

4 Votre tablette s'éteint et redémarre automatiquement.

TABLETTE BLOQUÉE Il se peut que votre tablette se bloque totalement suite à un problème logiciel. Dans ce cas, pour l'éteindre puis la redémarrer, vous devez appuyer sur le bouton d'alimentation jusqu'à ce que la tablette s'éteigne. Une fois éteinte, vous pourrez la redémarrer.

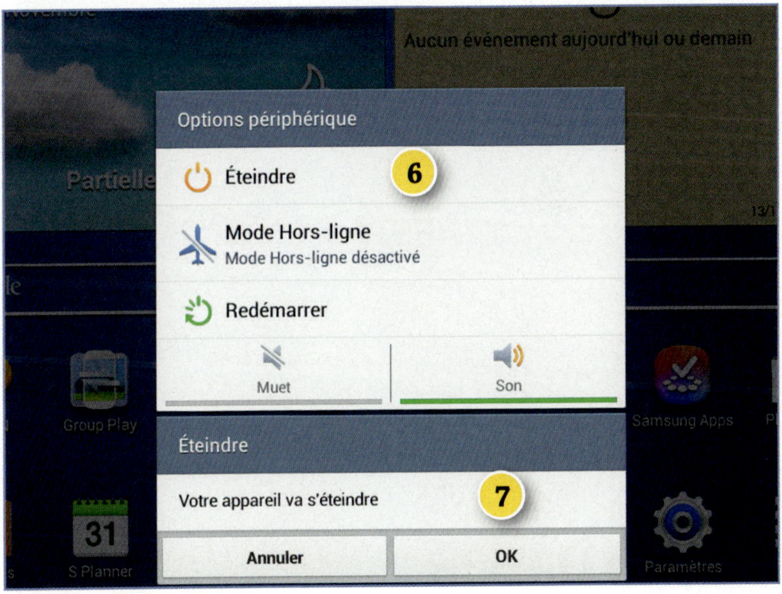

5 Pour éteindre votre tablette, appuyez aussi environ une seconde sur le bouton d'alimentation.

6 Dans la fenêtre qui s'affiche, appuyez sur **Eteindre** pour éteindre votre tablette.

7 Validez l'extinction de votre tablette.

8 Votre tablette s'éteint complètement.

CHAPITRE 2

008 • L'écran d'accueil
009 • Gérer les pages
010 • Accéder aux applications
011 • Ajouter des applications à un écran
012 • Gérer les applications sur les écrans
013 • Créer et gérer les groupes d'applications
014 • Ajouter des widgets à un écran
015 • Gérer les widgets à l'écran
016 • Choisir un fond d'écran fixe ou animé

DÉCOUVRIR LA TAB 3

L'écran d'accueil

Votre tablette Galaxy Tab 3 propose plusieurs écrans, qui peuvent être comparés à des bureaux virtuels, vous permettant de positionner dessus différents éléments. Un de ces écrans s'affiche toujours en premier après le démarrage ou la sortie de veille de votre tablette : l'écran d'accueil.

1 Par défaut, l'écran d'accueil affiche des widgets et des raccourcis vers des applications.

2 Les widgets sont des applications qui se positionnent sur un écran et qui sont complètement autonomes ou bien qui font partie d'une application complète, mais en affichant seulement quelques informations.

3 Par exemple, le widget **Météo** sur l'écran d'accueil affiche la météo, de manière succincte, de votre ville (si vous avez accepté la géolocalisation). En appuyant dessus, vous obtiendrez plus d'informations sur la météo.

POSITIONNEMENT Les raccourcis positionnés par défaut sur l'écran d'accueil peuvent être remplacés par d'autres. La procédure pour supprimer et placer des raccourcis d'applications est expliquée plus loin dans ce chapitre.

4 Sous les widgets sont placées deux rangées d'icônes. La première affiche des raccourcis vers des applications. Pour démarrer l'une de ces applications, appuyez une seule fois sur l'icône de l'application

5 La seconde rangée affiche aussi des raccourcis d'applications, mais cette rangée reste présente sur toutes les pages. Elle présente aussi deux icônes particulières.

6 L'icône **Paramètres** vous permet d'accéder aux paramètres de votre tablette. Si vous appuyez sur le bouton **Menu** puis **Paramètres**, cela revient au même.

7 L'icône **Applis** vous permet d'accéder à la liste complète de toutes les applications installées sur votre tablette.

L'écran d'accueil

Tout en haut de l'écran se situe la barre de notifications. Celle-ci affiche des éléments permanents et des éléments temporaires selon votre activité et les applications en fonction. Surveillez-la, car des messages importants peuvent être affichés.

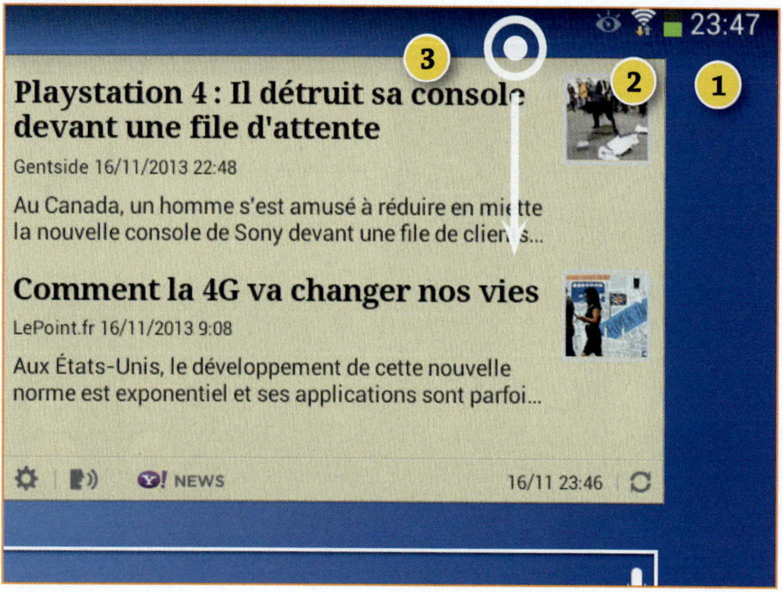

1 En haut à droite de l'écran d'accueil sont affichées l'heure et différentes icônes.

2 Généralement, les icônes affichées concernent le niveau de la batterie avec le rectangle vert, la connexion Wi-Fi avec les arcs de cercle et l'activité de SmartStay qui détecte la présence de vos yeux pour ne pas mettre la tablette en veille.

3 Appuyez sur cette zone et faites glisser votre doigt pratiquement jusqu'en bas de l'écran.

ÉCONOMIE DE BATTERIE Plus vous activez de fonctions de votre tablette, plus la consommation d'énergie est importante. Passez par le Volet des raccourcis pour désactiver celles qui ne sont pas nécessaires. L'avantage est que vous pouvez les activer et les désactiver très rapidement.

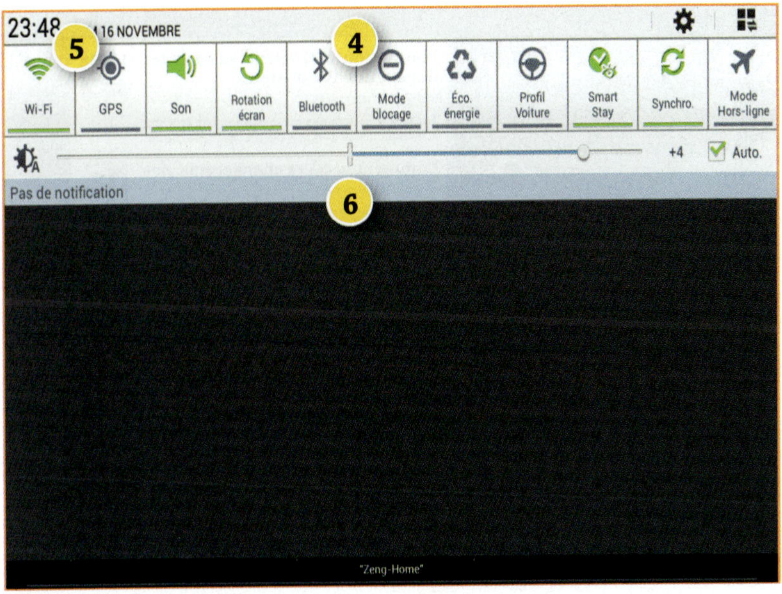

4 Le **Volet des raccourcis** est affiché. Il vous permet plusieurs actions.

5 Vous pouvez activer ou désactiver des fonctions de la tablette, comme le Wi-Fi, le GPS, le son, le Bluetooth, etc. en appuyant sur l'icône correspondante. Quand l'icône est verte, la fonction est active.

6 Le curseur sous les icônes vous permet de modifier manuellement la luminosité de l'écran. Activez la case **Auto** pour que la luminosité soit gérée automatiquement en fonction de votre environnement.

7 Pour fermer le Volet des raccourcis, appuyez sur le bouton **Maison** ou **Retour**. Vous pouvez aussi appuyer en bas de l'écran et faire glisser votre doigt vers le haut.

Gérer les pages

Les pages sont les différents écrans sur lesquels vous pouvez placer des raccourcis d'applications et des widgets. L'écran d'accueil est une page particulière puisqu'elle est affichée lorsque vous appuyez sur le bouton **Accueil**. Vous pouvez ajouter et/ou supprimer des pages.

1 Pour vous déplacer de page en page, appuyez sur le bord droit ou gauche de l'écran.

2 Vous pouvez aussi faire glisser votre doigt d'un bord de l'écran vers l'intérieur de l'écran.

EN BOUCLE Le défilement des pages est géré comme un carrousel, c'est-à-dire que si vous arrivez à la dernière page à droite et que vous continuez à défiler, vous passez automatiquement sur la première page de gauche. Vous pouvez ainsi faire défiler les pages en boucle.

3 Le changement de page s'effectue avec une animation.

4 Les icônes entre les deux rangées de raccourcis d'application vous indiquent la page actuellement affichée. L'icône avec la maison, au centre, représente l'écran d'accueil.

Gérer les pages

Par défaut, trois pages sont disponibles avec l'écran d'accueil comme page du milieu. Vous pouvez ajouter de nouvelles pages pour mieux organiser les icônes de raccourcis d'applications.

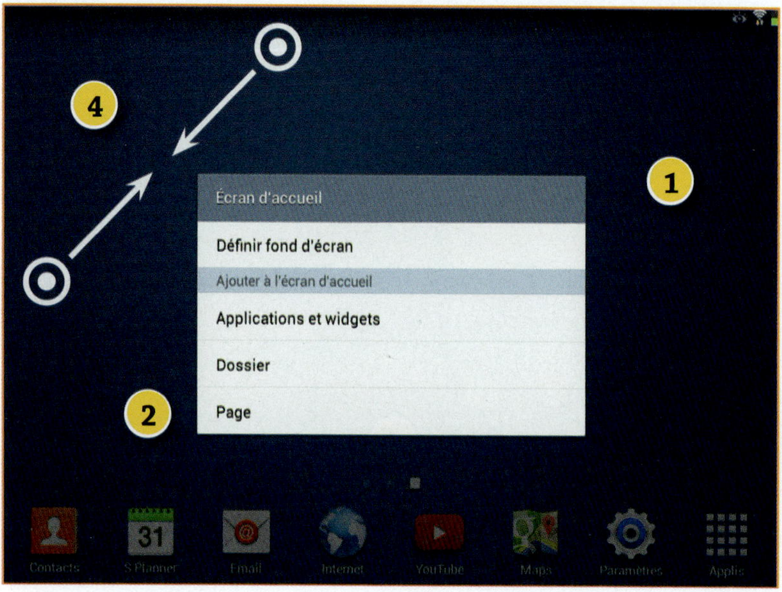

1 Pour créer une nouvelle page, effectuez un appui long sur une zone d'une page.

2 Dans le menu qui s'affiche, appuyez sur **Page**.

3 La page est créée immédiatement et affichée. Elle est vide et elle est placée à droite de la page sur laquelle vous étiez au moment de la création.

4 Pour gérer les pages existantes, ou même en créer d'autres, pincez l'écran vers l'intérieur, c'est-à-dire placez le pouce et l'index en même temps sur l'écran et rapprochez-les vers l'intérieur de l'écran.

UNE AU MINIMUM **Si vous le voulez, vous n'êtes pas obligé d'utiliser les pages disponibles par défaut. Vous pouvez supprimer les pages indésirables, mais vous devez conserver au moins une page. De toute manière, vous ne pourrez pas supprimer la dernière.**

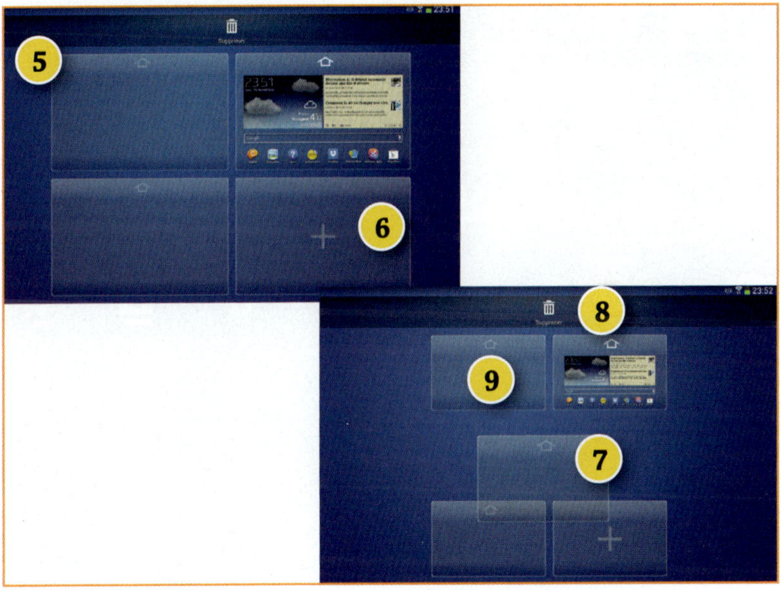

5 Les pages sont affichées en miniatures.

6 La page avec le signe **+** vous permet de créer une nouvelle page. Vous pouvez avoir un total de sept pages.

7 Pour modifier l'ordre des pages, effectuez un appui long sur une page, puis déplacez la page vers sa destination. Relâchez la page.

8 Pour supprimer une page, effectuez un appui long dessus, puis déplacez-la sur la zone **Supprimer**, en haut de l'écran. Si cette page contient des raccourcis d'applications et/ou des widgets, un message vous demande de confirmer.

9 Pour définir une page en tant qu'écran d'accueil, appuyez sur l'icône avec une maison en haut de la vignette.

Accéder aux applications

Votre tablette est livrée avec plusieurs applications. Certaines d'entre elles sont affichées sur l'écran d'accueil grâce à des raccourcis, les autres sont disponibles sur un ou plusieurs écrans dédiés.

1 Sur l'écran d'accueil, appuyez sur l'icône **Applis**, en bas à droite.

2 La page des applications est affichée.

NOUVELLES APPLICATIONS **Lorsque vous téléchargerez et installerez de nouvelles applications, leurs icônes seront placées dans les pages d'applications et non sur les pages comme l'écran d'accueil. Vous devrez créer un raccourci et le placer sur l'écran de votre choix.**

3 En fonction du nombre d'applications, vous pouvez avoir plusieurs pages d'applications. Leur nombre est représenté par les carrés situés en bas de l'écran.

4 Pour passer d'une page d'application à une autre, appuyez sur le bord droit ou gauche de votre écran.

5 Vous pouvez aussi faire glisser votre doigt d'un bord de l'écran vers l'intérieur de l'écran.

6 Pour démarrer une application, appuyez sur son icône.

Ajouter des applications à un écran

Si pour démarrer une application vous devez à chaque fois aller aux différents écrans d'applications, comme expliqué dans la fiche précédente, vous allez perdre beaucoup de temps. Heureusement, vous pouvez créer des raccourcis, les placer sur les écrans classiques et y accéder plus rapidement.

1 Placez-vous sur un écran disposant d'un espace vide.

2 Appuyez sur l'icône d'accès aux applications, en bas à droite.

3 Accédez à l'écran d'applications contenant l'application désirée puis appuyez sur l'icône de l'application à placer sur l'écran de votre choix et maintenez l'appui.

ESPACES VIDES **L'écran d'accueil est, par défaut, entièrement pris par les widgets et les applications prédéfinies. Il n'y a donc pas d'espace vide dans l'écran d'accueil. Les espaces sur les côtés servent à naviguer entre les écrans.**

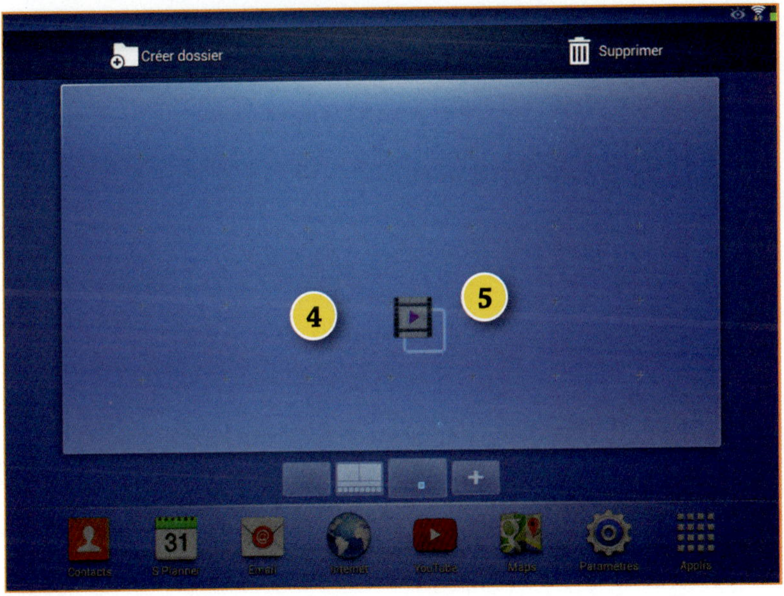

4 Toujours sans lâcher l'appui, déplacez votre doigt pour positionner l'icône du raccourci de l'application. Des espaces prédéfinis sont prévus et un cadre blanc représente le futur emplacement du raccourci de votre application.

5 Relâchez l'appui pour finir le placement du raccourci.

6 Répétez la même procédure pour placer d'autres raccourcis d'applications.

Gérer les applications sur les écrans

Les raccourcis d'applications sur les écrans peuvent être déplacés sur l'écran, entre écrans et supprimés. Cela vous permet de mieux personnaliser votre tablette.

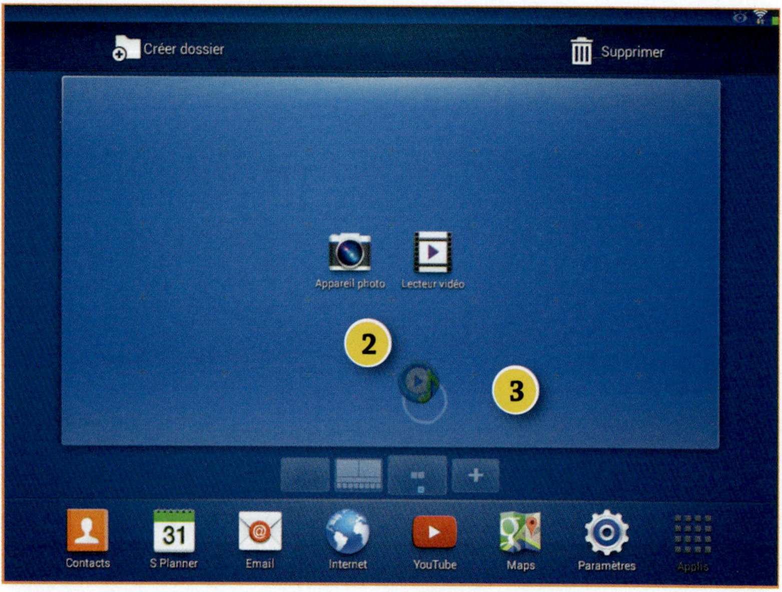

1 Affichez l'écran comportant le raccourci d'écran à déplacer.

2 Appuyez sur le raccourci de l'application et maintenez la pression. Le quadrillage de l'écran est affiché vous indiquant les positions disponibles.

3 Déplacez le raccourci vers son nouvel emplacement et relâchez la pression pour finir le déplacement du raccourci.

UN PAR UN **Vous devez effectuer cette procédure raccourci par raccourci. Vous ne pouvez pas en déplacer plusieurs en même temps.**

4 Pour déplacer un raccourci sur un autre écran, effectuez un appui long sur le raccourci de votre choix.

5 Une fois le quadrillage affiché, déplacez le raccourci vers la droite ou la gauche de l'écran.

6 L'écran suivant est affiché avec une animation. Déplacez le raccourci vers son nouvel emplacement puis relâchez la pression.

Créer et gérer les groupes d'applications

Pour mieux organiser les raccourcis d'applications sur vos différents écrans, vous pouvez créer des groupes et les placer dedans.

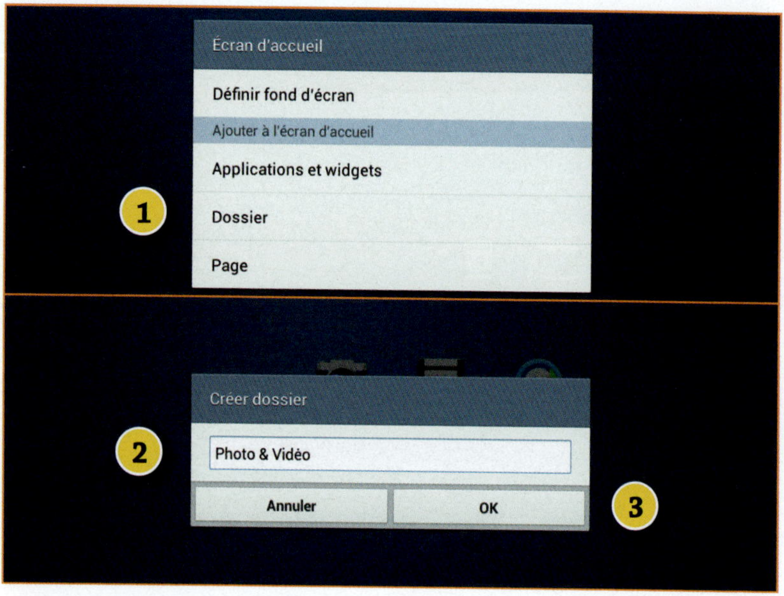

1 Faites un appui long sur un espace vide d'un écran et, dans le menu qui s'affiche, appuyez sur **Dossier**.

2 Dans l'écran qui s'affiche, saisissez le nom du dossier.

3 Appuyez sur **OK** pour valider.

BEAUCOUP D'ICÔNES Un dossier peut contenir plus de 20 icônes de raccourcis d'applications. Cela vous laisse de quoi organiser vos raccourcis. Par contre, vous ne pouvez pas placer des dossiers dans des dossiers.

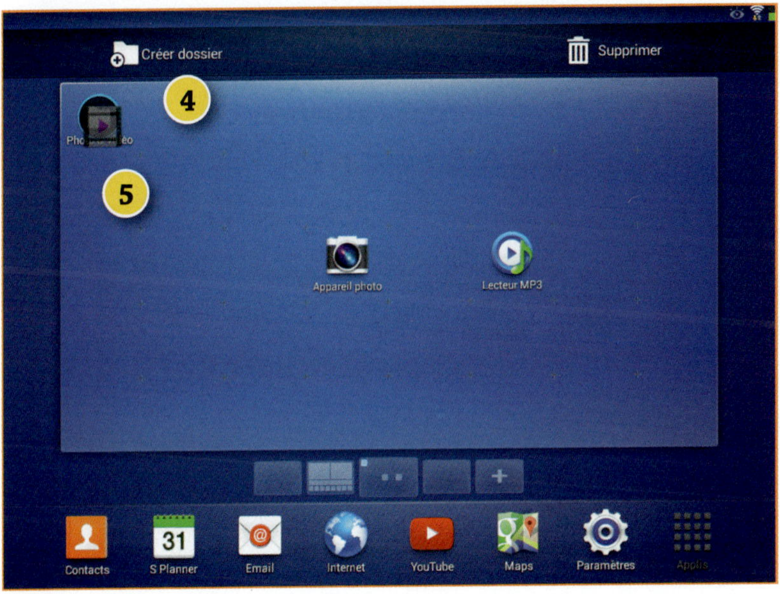

4 Le nouveau dossier est affiché sur l'écran.

5 Pour placer un raccourci d'application dans le dossier, effectuez un appui long sur le raccourci d'application, qu'il soit sur un écran ou parmi toutes les applications, maintenez la pression et déplacez le raccourci sur l'icône du dossier.

Créer et gérer les groupes d'applications

Les groupes d'applications sont très pratiques pour réunir des raccourcis d'applications dont le thème est identique : photo, vidéo, musique, Internet, etc. Vous pouvez créer autant de groupes qu'il y a d'espace libre sur les pages.

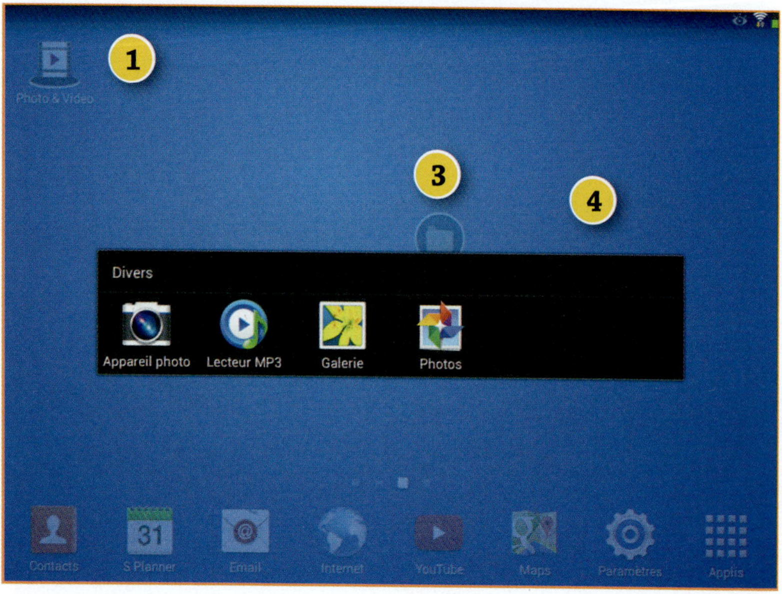

1 Lorsqu'il n'y a qu'un seul raccourci d'application dans le groupe, l'icône du groupe affiche l'icône de l'application.

2 Effectuez la même opération abordée précédemment pour placer d'autres raccourcis d'applications dans un dossier.

3 Pour ouvrir un groupe et accéder aux applications contenues dans ce groupe, cliquez sur l'icône du groupe. Le groupe est ouvert en affichant les raccourcis des applications. Cliquez sur le raccourci d'une application pour la démarrer.

4 Pour fermer un groupe, appuyez à l'extérieur de ce groupe.

SUPPRESSION DE GROUPE Lorsque vous supprimez un groupe contenant des raccourcis d'applications, vous supprimez par la même occasion les raccourcis des applications, mais pas les applications en elles-mêmes.

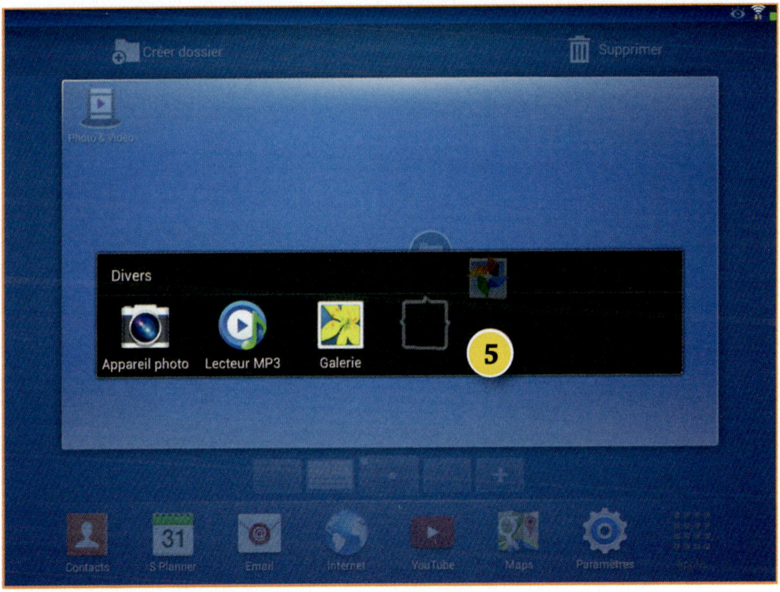

5 Pour sortir un raccourci d'application d'un groupe, effectuez un appui long sur l'icône de l'application puis déplacez-la en dehors du groupe jusqu'à ce que le quadrillage de l'écran s'affiche. Vous pouvez alors positionner l'icône du raccourci sur l'écran.

6 Vous pouvez déplacer un groupe dans un écran ou vers un autre écran de la même manière que vous déplacez l'icône d'un raccourci.

Ajouter des widgets à un écran

Par défaut, votre tablette affiche trois widgets : la Météo, Briefing (pour les informations) et la barre de recherche Google. Vous pouvez en ajouter d'autres parmi ceux proposés avec votre tablette.

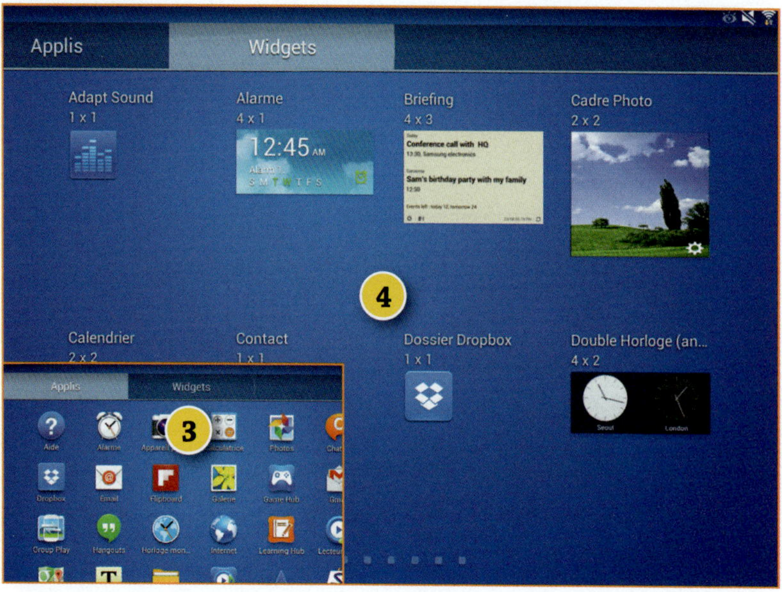

1 Affichez l'écran sur lequel le widget doit être placé. Cet écran doit disposer d'assez de place pour le widget sinon vous ne pourrez pas le placer.

2 Appuyez en bas à droite sur l'icône d'accès aux applications et aux widgets.

3 Appuyez, en haut de la liste d'applications, sur **Widgets** afin d'afficher la liste des widgets.

4 Les widgets sont listés 8 par 8 sur plusieurs écrans. Faites-les défiler comme un écran classique. Pour chaque vignette est indiqué le nombre d'emplacements que le widget va occuper sachant que chaque écran dispose de 8 emplacements en largeur et 5 en hauteur, soit 40 emplacements.

CADRE ORANGE Après positionnement, certains widgets sont entourés d'un cadre orange. Celui-ci vous permet de modifier la taille du widget. Après le redimensionnement, appuyez en dehors du widget.

5 Pour positionner un widget sur un écran, effectuez un appui long dessus. La liste des widgets disparaît au profit de l'écran sur lequel le widget va être positionné. Un cadre blanc entoure le widget pour matérialiser l'emplacement futur du widget.

6 Relâchez la pression pour finir le positionnement du widget.

Gérer les widgets à l'écran

La seule limite pour le nombre de widgets sur un écran est le nombre d'emplacements. Parfois, vous allez devoir déplacer, ou supprimer, un ou plusieurs widgets pour en positionner un nouveau ou positionner des raccourcis d'applications.

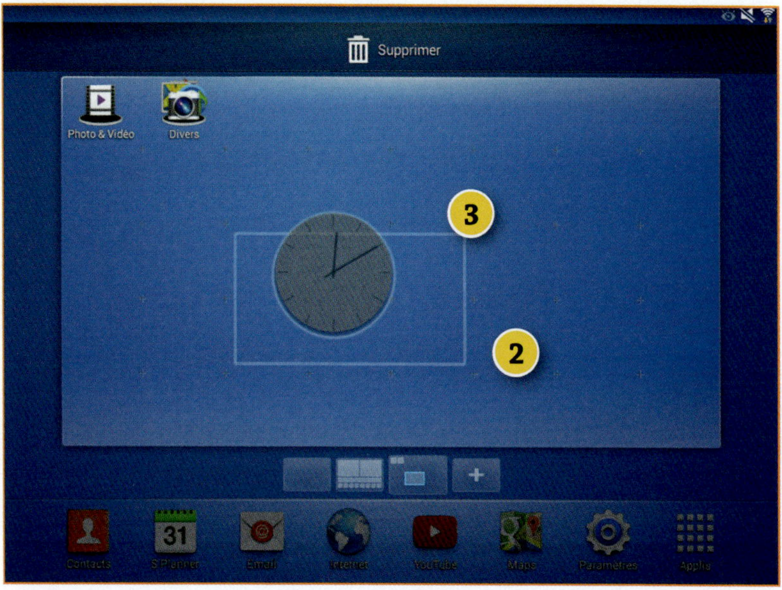

1 Affichez l'écran contenant le widget à déplacer.

2 Effectuez un appui long sur le widget concerné.

3 Le widget est sélectionné, vous pouvez le déplacer sur l'écran. Un léger cadre blanc vous indique toujours le nombre d'emplacements que le widget va occuper.

SUPPRESSION D'UN WIDGET **Comme pour les applications, vous pouvez supprimer un widget d'un écran. Effectuez un appui long sur le widget à supprimer puis déplacez-le vers le haut de l'écran sur la zone Supprimer. Relâchez la pression pour finir.**

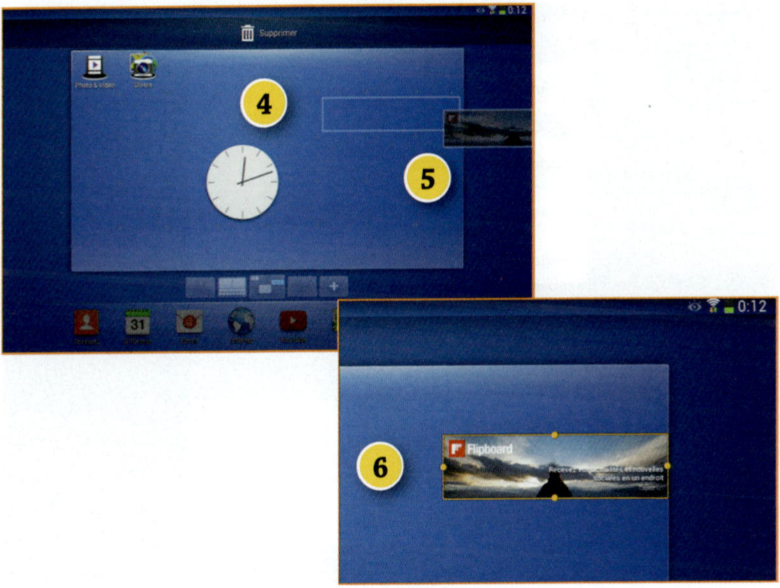

4 Pour déplacer un widget sur un autre écran, déplacez le widget, après sa sélection, vers le bord droit ou gauche de l'écran. L'écran suivant correspondant est affiché avec une animation.

5 Relâchez la pression pour finir le déplacement.

6 Si le widget déplacé est redimensionnable, le cadre orange et les ronds sont de nouveau affichés. Vous pouvez le redimensionner à ce moment-là. Appuyez en dehors du widget pour finir.

Choisir un fond d'écran fixe ou animé

Pour personnaliser votre tablette, rien de tel que de changer le fond d'écran proposé par défaut. Cela peut être le fond d'écran d'accueil ou l'écran de verrouillage. Vous avez le choix entre les fonds d'écran fixes ou animés fournis avec la tablette ou, plus personnel, le choix d'aller piocher dans vos propres images.

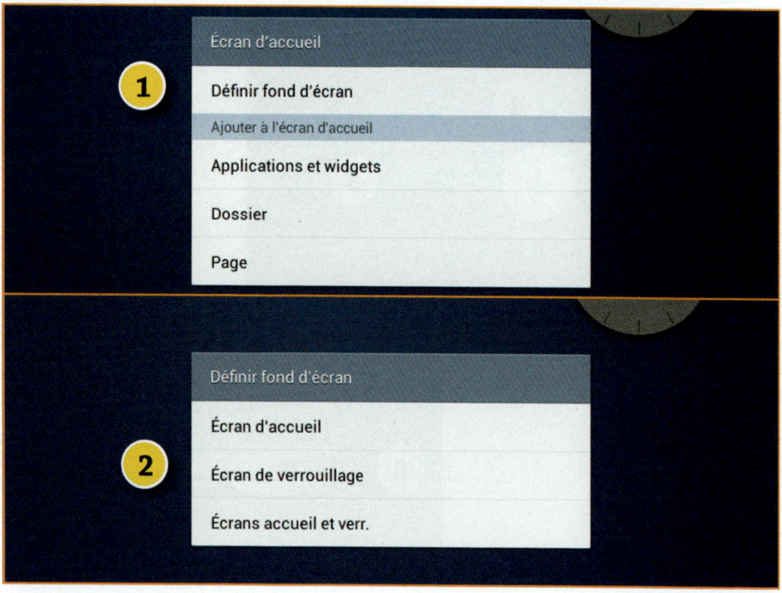

1 Effectuez un appui long sur une zone vide d'un écran et, dans le menu qui s'affiche, appuyez sur **Définir fond d'écran**.

2 Vous pouvez choisir de définir un fond d'écran commun pour l'écran d'accueil et l'écran de verrouillage ou d'en définir un différent pour chacun. Appuyez sur le bouton correspondant à votre choix.

GOURMAND EN ÉNERGIE Les fonds d'écran animés sont jolis à regarder, mais ils sont plus gourmands en énergie que les fonds d'écran fixes. Si vous êtes regardant sur l'autonomie de votre tablette, utilisez plutôt un fond d'écran fixe.

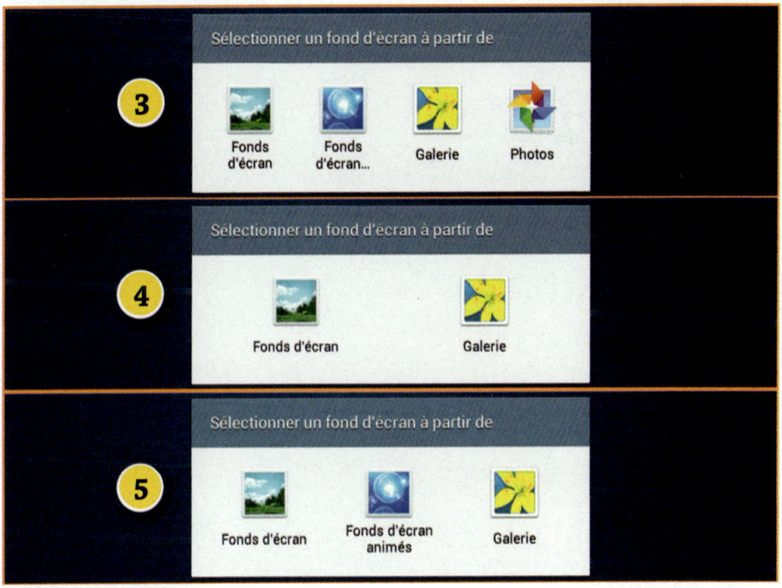

3 Les choix pour **Écran d'accueil** sont : **Fonds d'écran** pour choisir parmi des photos déjà présentes sur votre tablette, **Fonds d'écran animés** pour des animations, **Galerie** et **Photos** pour parcourir les photos que vous avez prises avec votre tablette.

4 Les choix pour **Écran de verrouillage** sont **Fonds d'écran** et **Galerie**.

5 Les choix pour **Écrans accueil et verr.** sont **Fonds d'écran**, **Fonds d'écran animés** et **Galerie**.

CHAPITRE 3

017 • Utiliser l'appareil photo
018 • Retoucher des photos
019 • Paramétrer la caméra
020 • Capturer une vidéo
021 • Rogner une vidéo
022 • Visualiser photos et vidéos

GÉRER LES PHOTOS ET VIDÉOS AVEC LA TAB 3

Utiliser l'appareil photo

Même si une tablette n'est pas, à proprement parler, un appareil photo, elle dispose, pour autant, de toutes les capacités pour prendre des photos. Mais, avant de prendre des photos, vous pouvez modifier certains paramètres de l'appareil photo.

1 Accédez à la page des applications en appuyant sur l'icône **Applis** sur l'écran d'accueil.

2 Appuyez sur l'icône **Appareil photo** pour démarrer l'application.

3 L'écran de prise de vue se présente. Il est composé de plusieurs zones.

4 La barre verticale sur la gauche est une barre de raccourci de fonctions. Elle dispose de cinq raccourcis modifiables plus le bouton d'accès à tous les paramètres tout en bas.

COMME AVEC UN APPAREIL PHOTO CLASSIQUE Toutes les techniques de prise de vue s'appliquent aussi avec votre tablette. Pensez à l'éclairage, au cadrage de votre sujet, etc. Même s'il n'y a pas autant de réglages qu'avec un reflex, il est tout à fait possible de faire de bonnes photos.

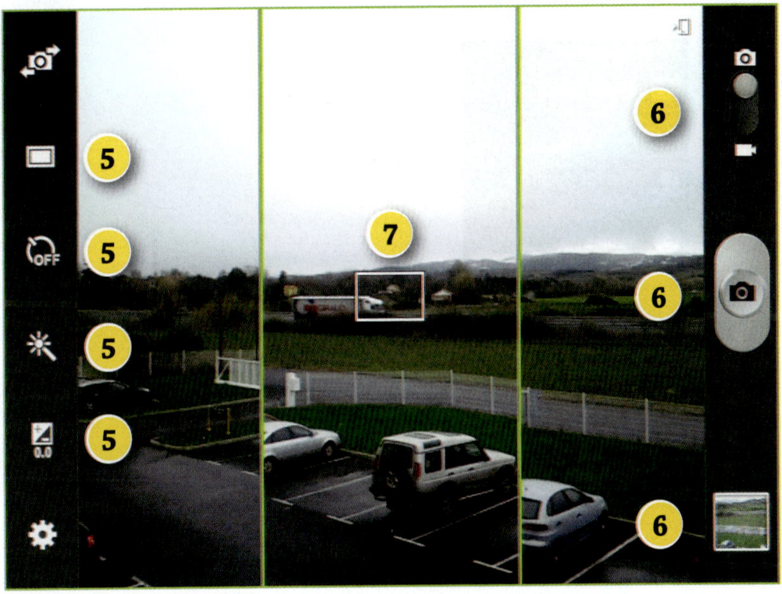

5 Par défaut, ces raccourcis permettent, de haut en bas, de changer entre l'appareil dorsal, par défaut, et l'appareil frontal ; de choisir le mode de prise de vue ; de mettre en place un retardateur ; d'appliquer un effet ou de modifier la valeur d'exposition.

6 La barre verticale sur la droite dispose de trois fonctions. Le bouton du haut permet de basculer entre le mode appareil photo et le mode caméra, le bouton du milieu déclenche la prise de vue et le bouton du bas permet d'accéder à la galerie des dernières photos prises.

7 Au centre de l'écran se situe le cadre de mise au point, c'est-à-dire que la mise au point sera faite sur l'objet présent dans ce cadre au moment de la prise de vue.

Utiliser l'appareil photo

Votre tablette Galaxy Tab 3 dispose de deux capteurs, l'un dorsal défini comme le capteur par défaut, et l'autre frontal. Vous pouvez basculer de l'un à l'autre dans l'application de prise de vue.

1 Dans l'application de prise de vue, appuyez sur le bouton du haut dans la barre latérale gauche, pour basculer du capteur dorsal au capteur frontal, et vice versa.

2 Appuyez sur ce bouton pour choisir votre mode de capture.

3 Le mode **Cliché unique** permet de prendre une photo à la fois. Le mode Panorama permet de prendre plusieurs clichés les uns après les autres puis de les assembler automatiquement en panorama.

4 Le mode **Panorama** permet d'assembler plusieurs photos avec des parties communes pour en créer une seule.

017

AUTOMATIQUE Les réglages par défaut conviendront dans beaucoup de situations, mais il est préférable de connaître les réglages possibles pour améliorer la prise de vue dans des conditions particulières.

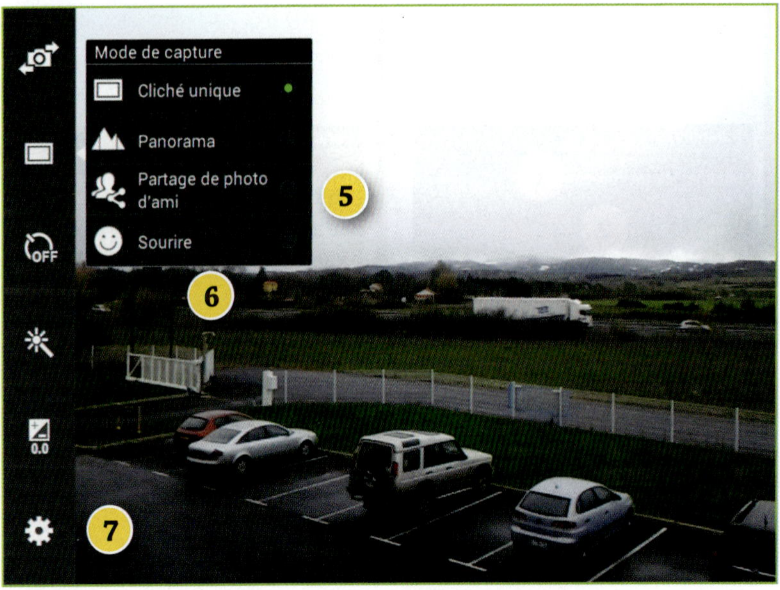

5 Le mode **Partage de photo d'ami** permet de détecter les visages dans la photo prise et d'y associer le nom d'un de vos contacts puis de lui envoyer.

6 Le mode **Sourire** détecte les visages et déclenche la prise de vue uniquement lorsqu'un sourire est détecté sur l'un des visages.

7 Appuyez sur ce bouton pour accéder à tous les paramètres de l'appareil photo.

Utiliser l'appareil photo

Outre les fonctions abordées dans la fiche précédente, d'autres paramètres sont accessibles pour l'appareil photo en accédant à tous les paramètres. Les réglages précédents sont tous reportés dans ce menu.

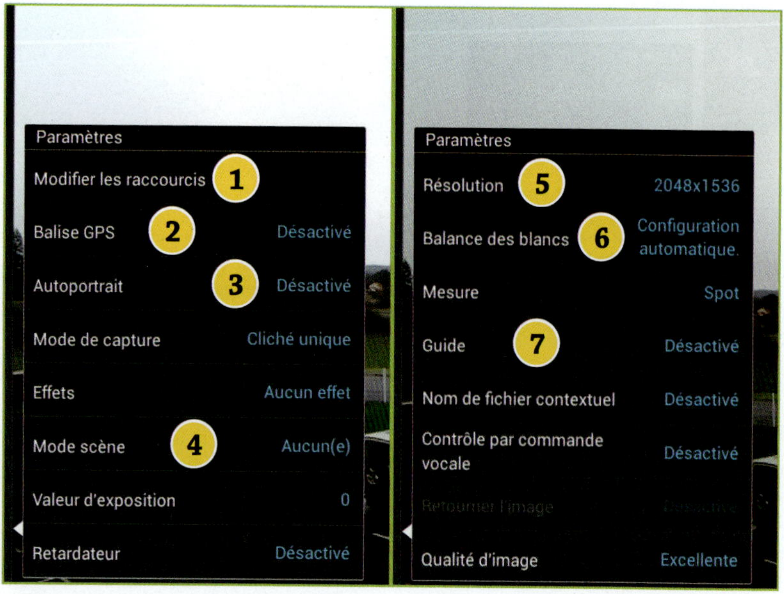

1 **Modifier les raccourcis** permet de modifier les quatre icônes du milieu de la barre latérale gauche.

2 **Balise GPS** permet de géolocaliser les photos, mais nécessite l'activation du GPS.

3 **Autoportrait** permet de basculer d'un capteur à l'autre.

4 **Mode scène** permet de choisir des préréglages en fonction de conditions de prise de vue particulières ou du sujet.

5 **Résolution** permet de choisir la taille de la photo.

6 **Balance des blancs** permet de définir la manière dont les blancs sont affichés selon la lumière environnante.

7 **Guide** affiche une grille de repère.

QUALITÉ D'IMAGE **Le choix de la qualité d'image joue évidemment sur le rendu de la photo avec, ou non, l'apparition de zones dégradées. Cela joue aussi sur le poids du fichier. Avec une qualité moindre, le fichier est plus léger.**

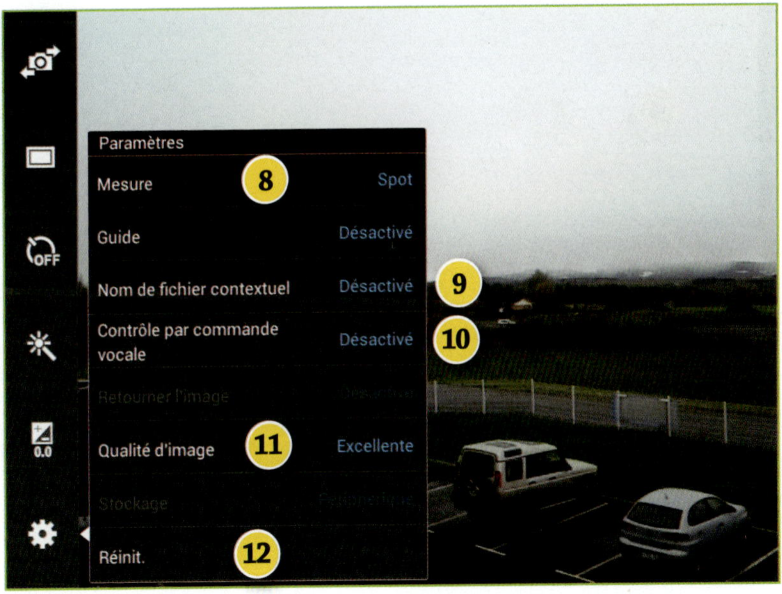

8 **Mesure** permet de choisir comment la lumière est mesurée. **Matrice** pour une mesure sur la totalité de l'image, **Mesure pond.** pour une mesure sur des objets proches du centre, **Spot** pour une mesure sur des zones de faible superficie.

9 **Nom de fichier contextuel** permet d'ajouter des informations sur le lieu de la prise de vue et de la météo à ce moment.

10 **Contrôle par commande vocale** permet de déclencher la prise de vue à l'aide des mots **Sourire**, **Capture** ou **Shoot**.

11 **Qualité d'image** permet de choisir la qualité d'enregistrement.

12 **Réinit.** permet de remettre à zéro tous les paramètres.

Utiliser l'appareil photo

Maintenant que vous connaissez tous les paramètres pour votre prise de vue, vous pouvez effectuer vos captures.

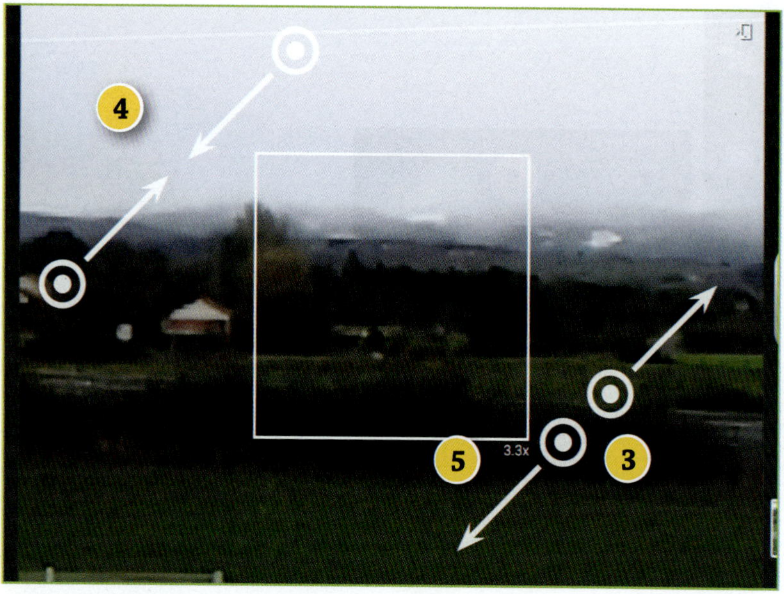

1 Accédez à l'application **Appareil Photo** à l'aide de la procédure de la fiche précédente.

2 Effectuez les réglages de votre choix.

3 Pour utiliser le zoom, pincez l'écran vers l'extérieur, c'est-à-dire placez le pouce et l'index sur l'écran et écartez-les en diagonale.

4 Pour dézoomer, pincez l'écran vers l'intérieur.

5 Le cadre de visée s'adapte au zoom et le facteur du zoom est affiché en bas à droite de ce cadre.

ZOOM NUMÉRIQUE Attention, votre tablette ne dispose pas d'un zoom optique, mais d'un zoom numérique. Cela est un traitement logiciel dont le rendu ne pourra jamais être équivalent à un vrai zoom. Si vous le pouvez, rapprochez-vous de votre sujet au lieu d'utiliser le zoom.

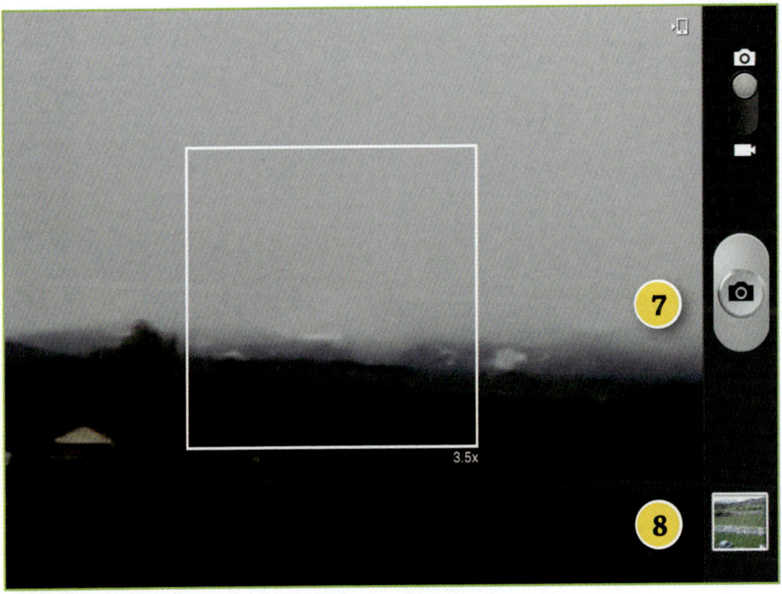

6 Pour augmenter ou diminuer le zoom, vous pouvez aussi utiliser le bouton **Volume**.

7 Déclenchez la photo en appuyant sur ce bouton. Si les commandes vocales sont activées, utilisez un des mots prévus à cet effet pour déclencher la prise de vue.

8 Après la prise de vue, la vignette de la photo est visible en bas à droite. Appuyez dessus pour afficher la galerie de photos.

Utiliser l'appareil photo

L'appareil photo de votre tablette permet de créer une photo panoramique à partir de plusieurs photos prises les unes après les autres et comportant des zones communes.

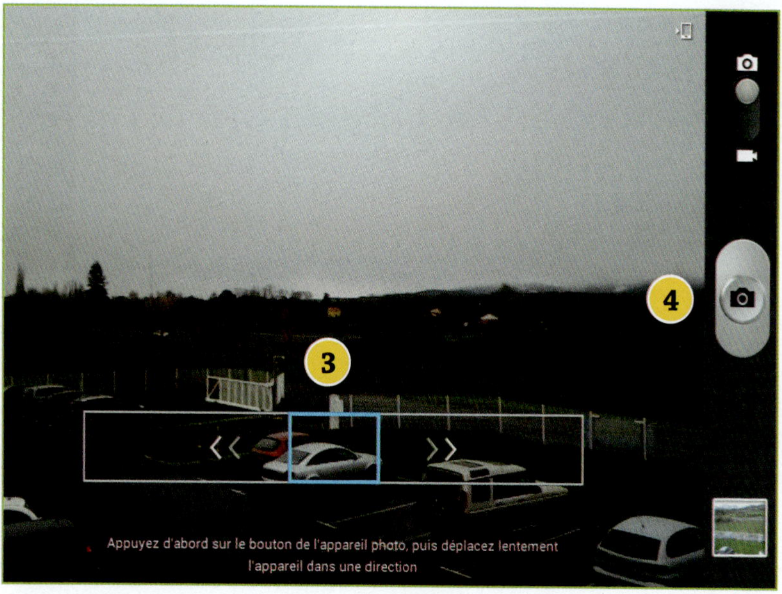

1 Accédez à l'application **Appareil Photo** à l'aide de la procédure de la fiche précédente.

2 Activez la fonction **Panorama** comme expliqué dans la **fiche 17**.

3 Le rectangle bleu va vous servir de guide durant la prise de vue.

4 Cadrez la première partie du panorama et appuyez sur le bouton de prise de vue.

SENS DE DÉPLACEMENT **Une fois que vous avez démarré le panorama dans un sens, vous ne pouvez plus changer de sens de prise de vue.**

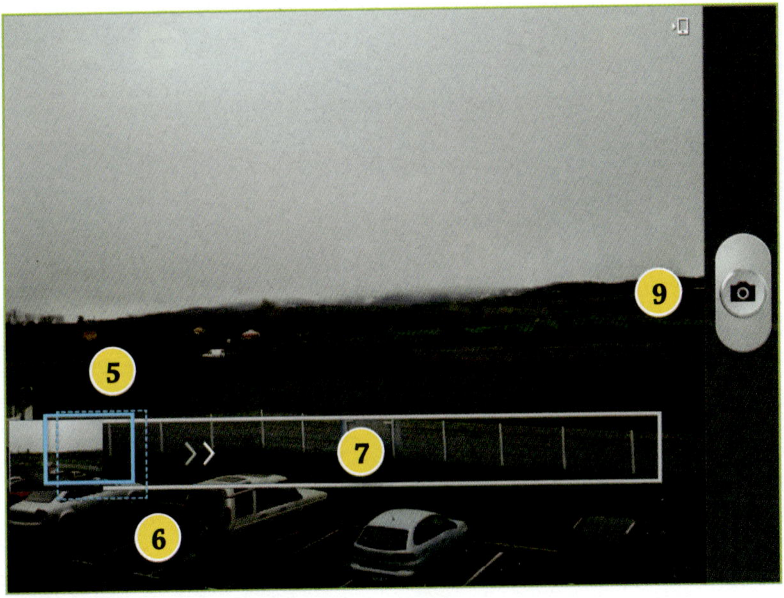

5 Déplacez la tablette dans le sens de votre choix pour poursuivre le panorama. Un cadre bleu apparaît pour vous aider à cadrer la photo suivante afin qu'il y ait le meilleur raccord entre les photos du panorama.

6 Lorsque la partie cadrée correspond, la photo suivante est automatiquement prise. Inutile d'appuyer de nouveau sur le bouton de prise de vue.

7 Déplacez de nouveau la tablette dans le même sens pour continuer la prise de vue.

8 Votre panorama peut être constitué d'un maximum de 14 photos assemblées.

9 Pour interrompre les prises de vue avant les 14 photos, appuyez sur le bouton de prise de vue. Le panorama est alors créé et enregistré.

Retoucher des photos

Même si l'idéal est de réussir la prise de vue parfaite, c'est rarement le cas. Pour effectuer des retouches basiques, votre tablette dispose d'une application d'édition de photos. Certes, ce n'est pas Adobe Photoshop, mais cette application peut permettre de corriger certains éléments facilement et rapidement.

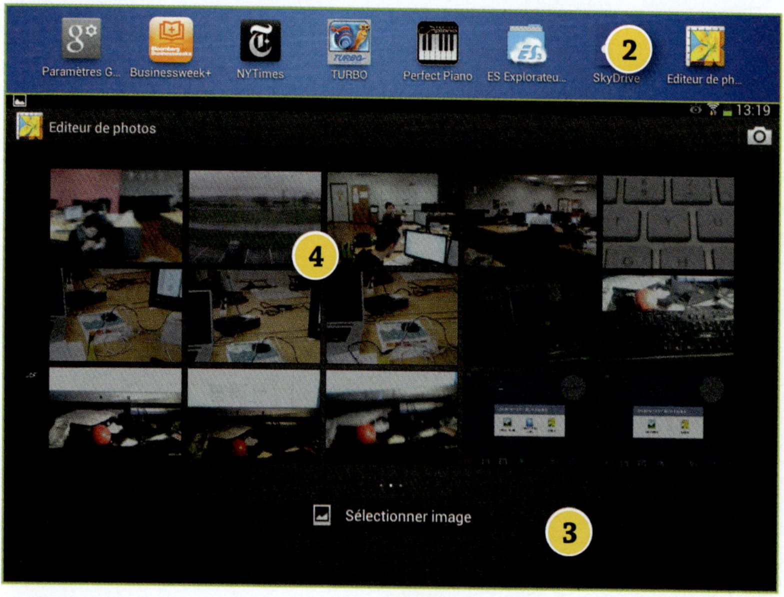

1 Accédez à l'écran des applications.

2 Appuyez sur l'icône de l'application **Editeur de photos** représentée par une fleur, des règles et un cadre rouge en pointillé. Il peut être placé sur une autre page des applications.

3 Les photos disponibles sont affichées par page de 15 photos. Naviguez entre les pages de photos en appuyant sur l'un des bords puis en le faisant glisser.

4 Appuyez sur la vignette de la photo à éditer.

INSTALLATION PRÉALABLE Avant d'utiliser l'éditeur de photos, vous devez l'installer. Celui-ci est disponible gratuitement dans la boutique Samsung Apps. La création et l'utilisation du compte Samsung sont expliquées dans le chapitre Gérer les applications de la Tab 3.

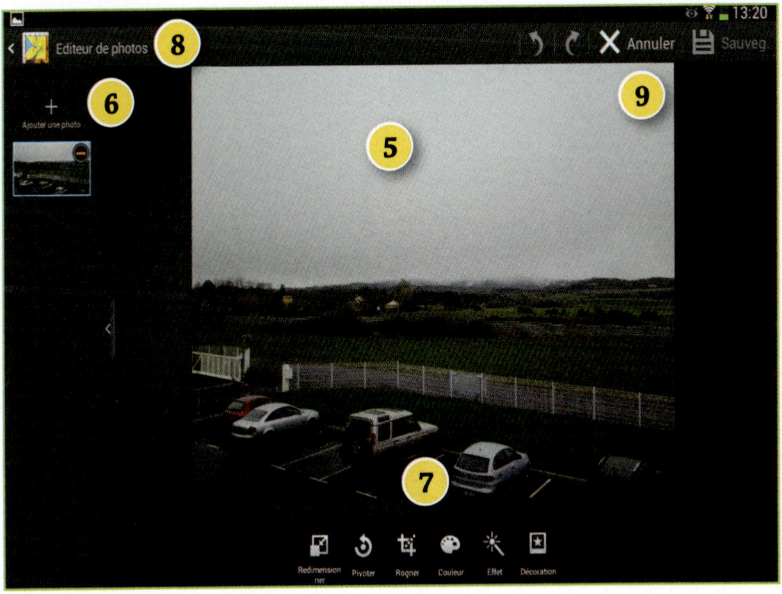

5 La photo à éditer est affichée dans l'éditeur.

6 La colonne de gauche vous permet d'ajouter d'autres photos à éditer en appuyant sur **Ajouter une photo**.

7 La rangée du bas vous permet d'accéder aux outils de retouche.

8 L'icône en haut à gauche permet de revenir vers la mosaïque de choix de photo.

9 Les différents boutons en haut à droite permettent, de gauche à droite, d'annuler la dernière action, de rétablir la dernière action annulée, d'annuler l'édition en cours et d'enregistrer la photo retouchée.

Retoucher des photos

L'Éditeur de photos vous permet aussi de réduire votre photo de deux manières : en réduisant sa taille ou en la coupant. À vous de choisir.

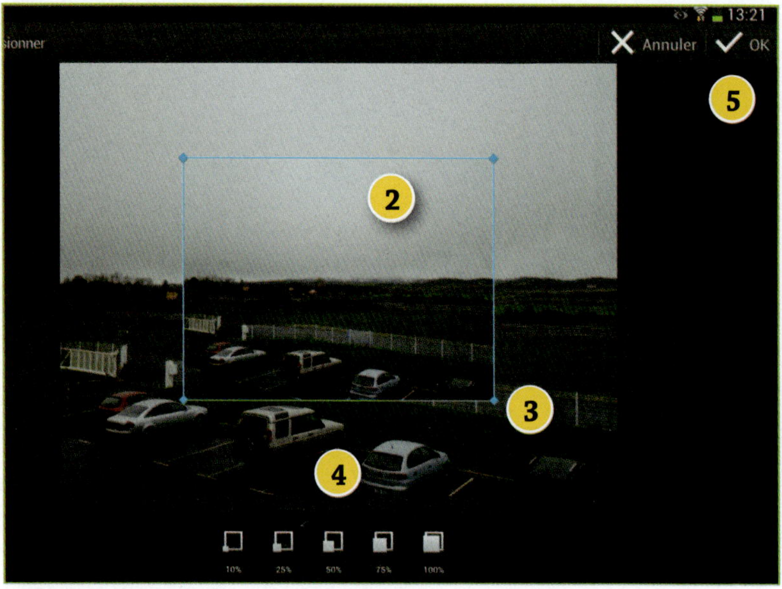

1 Pour redimensionner une photo, appuyez sur le bouton **Redimensionner** dans la barre du bas.

2 Votre photo est affichée déjà redimensionnée avec la nouvelle taille indiquée temporairement en dessous.

3 À l'aide du cadre bleu, vous pouvez modifier la taille de votre photo. Appuyez sur l'un des coins, maintenez la pression puis déplacez le coin vers l'intérieur ou l'extérieur. Relâchez la pression pour finir.

4 Vous pouvez aussi appuyer sur l'un des boutons qui remplacent la barre inférieure. Ils vous permettent d'utiliser immédiatement un pourcentage de réduction.

5 Appuyez sur **OK**, en haut à droite, pour valider.

RÉDUCTION DU POIDS **Redimensionner ou rogner une photo est aussi un moyen de réduire le poids du fichier. Pensez-y lorsque vous voulez transmettre une photo par e-mail ou sur un réseau social. Cela sera plus rapide.**

6 Appuyez sur le bouton **Pivoter** pour appliquer une rotation ou un effet miroir.

7 Les options sont affichées dans la barre inférieure.

8 Pour rogner votre photo, appuyez sur **Rogner**.

9 Par défaut, le rectangle affiché vour permet de définir la zone à conserver. Utilisez les coins pour agrandir ou réduire la zone.

10 L'icône dans le coin avec une flèche vous permet d'appliquer une rotation.

11 Avec l'outil **Lasso**, vous pouvez dessiner une forme libre pour rogner votre photo.

Retoucher des photos

Avec l'Éditeur de photos, vous pouvez corriger des problèmes colorimétriques ou transformer votre photo avec des effets de couleurs, des effets spéciaux ou en ajoutant des éléments.

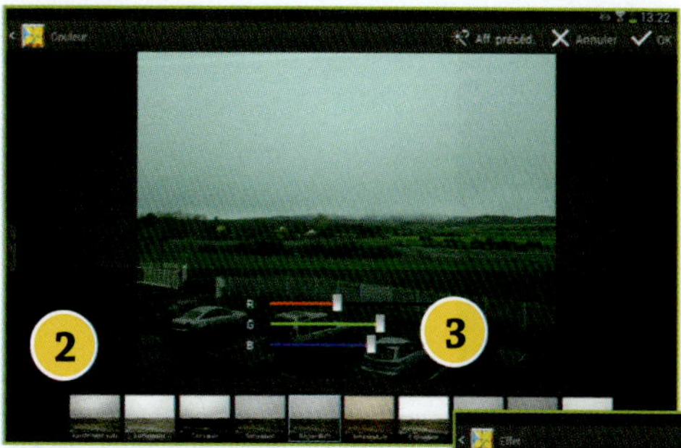

1 Appuyez sur **Couleurs** pour modifier les couleurs de votre photo.

2 Appuyez sur une des vignettes du bas pour modifier le réglage correspondant.

3 Un ou plusieurs curseurs vous permettent de modifier le réglage.

4 Appuyez sur **Effets** pour accéder à des effets de couleur ou de déformation.

5 Certains effets disposent d'options.

DÉNATURATION Certains effets sont très destructeurs. Essayez de ne pas trop en abuser sous peine de complètement dénaturer complètement votre photo et de rendre le sujet complètement méconnaissable.

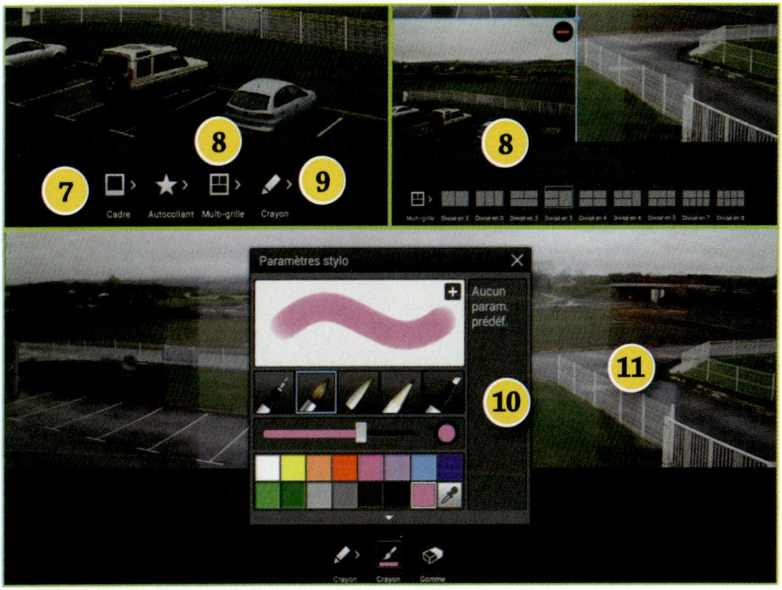

6 Appuyez sur **Décoration** pour accéder à des outils vous permettant d'ajouter des éléments sur votre photo.

7 Vous pouvez ajouter un cadre ou des autocollants (cœurs, pansements, dents, etc.).

8 Vous pouvez aussi créer une composition de plusieurs photos dans une grille.

9 Enfin, vous pouvez utiliser un crayon pour dessiner directement sur votre photo.

10 Cet outil **Crayon** dispose de plusieurs options comme le type de crayon, la taille de la pointe, la couleur, etc.

11 Utilisez votre doigt pour dessiner directement sur la photo.

Paramétrer la caméra

Votre tablette peut aussi capturer des vidéos. L'application pour capturer des vidéos est la même que pour prendre des photos.

1 Accédez à l'application **Appareil Photo** à l'aide de la procédure de la fiche 16.

2 Pour basculer sur la caméra, appuyez et baissez le commutateur appareil photo/caméra.

3 Comme pour l'appareil photo, vous retrouvez la barre latérale avec les raccourcis de fonctions qui se rapprochent de ceux de l'appareil photo. Le bouton du haut permet de basculer entre la caméra dorsale et la frontale. Le bouton suivant permet de modifier la taille de la vidéo. Ensuite, vous retrouvez les boutons du retardateur, des effets et de modification de la valeur d'exposition.

STOCKAGE La vidéo est une activité très gourmande en espace de stockage. Surveillez bien l'espace disponible pour ne pas être pris de court en cours de tournage.

4 Appuyez sur le bouton en bas à gauche pour accéder à tous les paramètres.

5 La liste des paramètres est identique à celle de l'appareil photo.

6 Seules les résolutions de captures sont différentes.

Capturer une vidéo

Comme pour l'appareil photo, une fois la caméra paramétrée, vous pouvez démarrer la capture de votre vidéo.

1 Appuyez sur le bouton au centre de la barre latérale droite pour démarrer la capture.

2 La capture démarre immédiatement. Le décompte de capture est affiché en bas ainsi que la taille de la vidéo et la capacité de stockage restante. Un point rouge clignotant vous indique que l'enregistrement est en cours.

EN PLUSIEURS FOIS **Le fait de mettre en pause l'enregistrement au lieu de l'arrêter permet d'assembler automatiquement plusieurs enregistrements dans un seul fichier. Attention, la mise en veille de la tablette arrête l'enregistrement.**

3 Le bouton central vous permet de mettre en pause l'enregistrement puis de le reprendre, le tout dans le même fichier vidéo.

4 Pour arrêter l'enregistrement, appuyez sur le bouton avec un carré situé sous le bouton central de la barre latérale droite.

5 Dès que l'enregistrement est stoppé, la vidéo est sauvegardée.

Rogner une vidéo

À l'aide de votre tablette, vous pouvez couper votre vidéo pour conserver et/ou partager uniquement la partie qui vous intéresse.

1 Dans l'écran d'applications, appuyez sur **Lecteur vidéo**.

2 Appuyez sur la vignette de la vidéo que vous voulez rogner.

3 La lecture de la vidéo démarre. Appuyez sur la vidéo pour faire apparaître les contrôles puis mettez sur pause.

4 Appuyez sur le bouton **Menu** puis, dans le menu qui s'affiche, appuyez sur **Rogner**.

TAILLE DU FICHIER **Comme pour le redimensionnement ou le rognage d'une photo, le rognage de la longueur d'une vidéo permet de réduire la taille du fichier.**

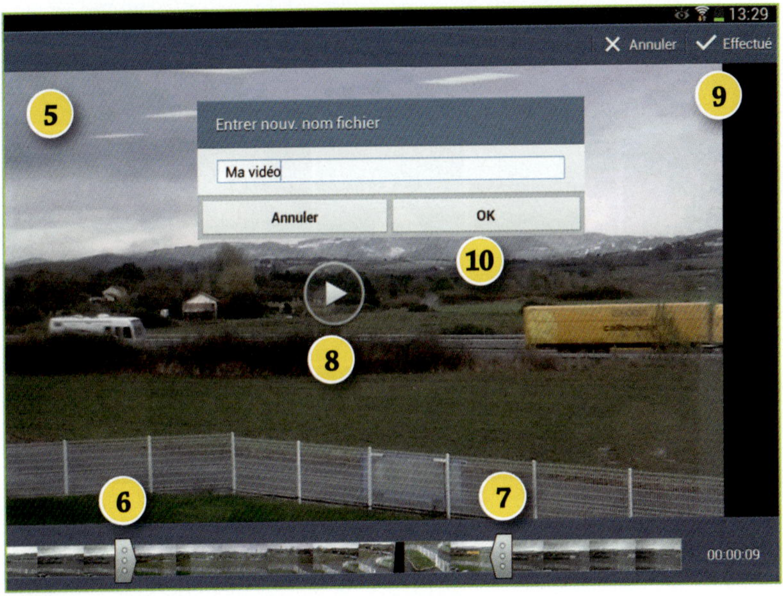

5 Votre vidéo est chargée dans l'outil de montage.

6 Déplacez le taquet gauche vers la droite pour couper la vidéo à partir de son début.

7 Déplacez le taquet droit vers la gauche pour couper la vidéo à partir de sa fin.

8 Appuyez sur le bouton de lecture centrale pour avoir un aperçu de la vidéo rognée.

9 Appuyez sur le bouton **Effectué** en haut à gauche pour finir.

10 Saisissez le nom de la nouvelle vidéo et appuyez sur **OK** pour valider.

Visualiser photos et vidéos

Votre tablette vous permet de prendre des photos et des vidéos, mais aussi de les visionner seul ou à plusieurs.

1 Appuyez sur l'icône d'accès aux applications et, dans la liste des applications, appuyez sur **Galerie**.

2 Vos photos et vidéos sont affichées sous forme de vignettes.

3 Les vidéos sont distinguées à l'aide d'un rond avec une flèche.

RETOUR Lorsque vous visualisez une photo ou une vidéo, appuyez sur le bouton Retour, en bas de la tablette, pour revenir à la mosaïque de photos et vidéos.

4 Par défaut, toutes les photos et vidéos sont affichées. Vous pouvez modifier le mode d'affichage en appuyant sur ce bouton.

5 Les différents modes d'affichage sont listés.

6 Pour visualiser une photo ou une vidéo, appuyez sur sa vignette.

7 L'élément choisi est affiché.

8 Appuyez sur l'écran sur votre photo ou vidéo pour faire apparaître les autres éléments en vignettes en bas de l'écran.

CHAPITRE 4

023 • Charger de la musique

024 • Utiliser le lecteur

025 • Modifier le volume

026 • Utiliser l'équaliseur

ÉCOUTER DE LA MUSIQUE AVEC LA TAB 3

Charger de la musique

Même si un baladeur MP3 sera largement plus discret dans votre poche, votre tablette Galaxy Tab 3 dispose de fonction d'écoute de musique. Que ce soit au casque ou avec les enceintes, autant en faire profiter vos oreilles. Mais, pour cela, vous devez charger de la musique sur votre tablette.

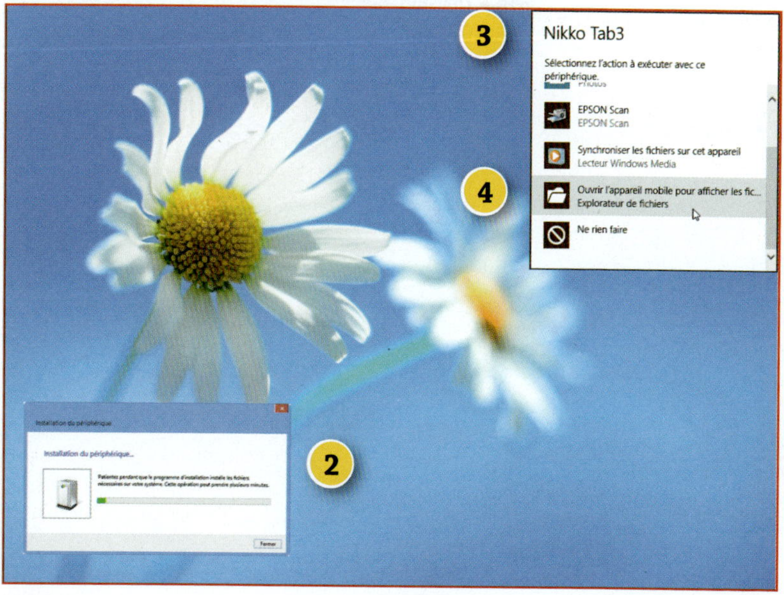

1 Avec Windows 8.1, vous n'êtes pas obligé d'installer le logiciel Samsung Kies. Connectez votre tablette à un port USB de votre ordinateur.

2 Laissez votre ordinateur installer automatiquement les pilotes de votre tablette.

3 Une fois la reconnaissance de la tablette effectuée, une notification est affichée.

4 Cliquez sur **Ouvrir l'appareil mobile pour afficher les fichiers Explorateur de fichiers**.

ÉCOUTER DE LA MUSIQUE AVEC LA TAB 3 023

UNE SEULE FOIS L'installation des pilotes de votre tablette n'est faite qu'à la première connexion. Les fois suivantes, vous pourrez accéder directement au contenu de votre tablette dans le dossier Ordinateur.

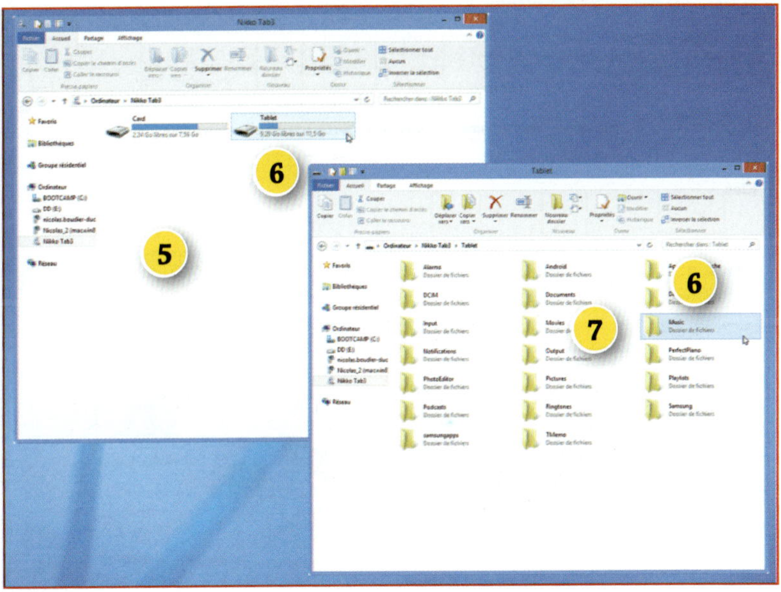

5 Les unités de stockage de votre tablette sont affichées, c'est-à-dire la mémoire interne, sous le nom **Tablet**, et la carte mémoire, si vous en avez une d'insérée dans la tablette, sous le nom **Card**, avec l'espace total et l'espace disponible pour chaque unité.

6 Double-cliquez sur **Tablet** puis sur le dossier **Music**.

7 Copiez vos fichiers audio dans ce dossier pour qu'ils soient disponibles sur votre tablette.

Charger de la musique

L'interaction entre votre tablette et votre Mac doit obligatoirement passer par un autre logiciel fourni par Samsung. Celui-ci gère aussi bien l'échange de données que la mise à jour de votre tablette.

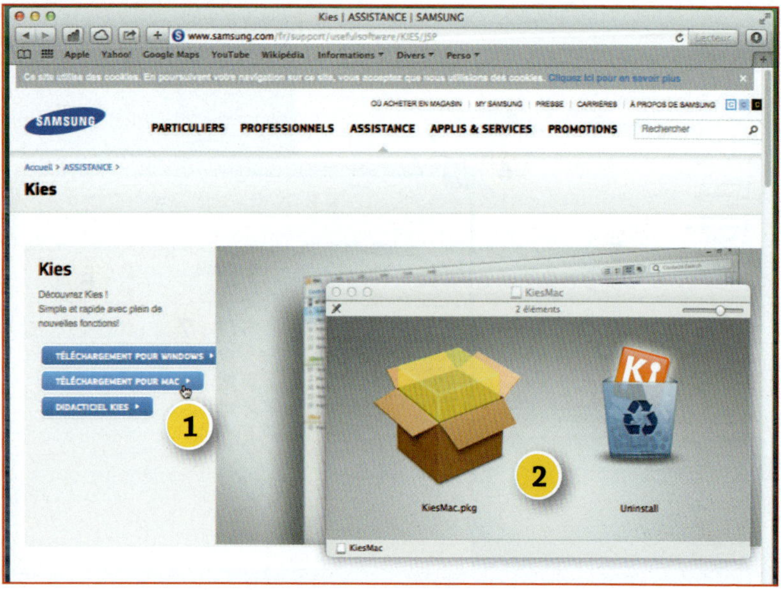

1 Pour faire fonctionner votre tablette avec votre ordinateur Apple, vous devez utiliser le logiciel Samsung Kies pour Mac disponible gratuitement sur le site de Samsung. Démarrez votre navigateur Internet et allez à l'adresse **www.samsung.com/fr/kies** pour télécharger le logiciel Samsung Kies. Cliquez sur le lien **Téléchargement pour Mac**.

2 Après le téléchargement du fichier, ouvrez-le et installez l'application Kies. L'installation se déroule de la même manière que pour n'importe quelle application Mac. Un redémarrage de votre Mac est nécessaire pour valider l'installation du logiciel.

SAUVEGARDE Outre l'échange de données entre votre ordinateur et votre tablette, le logiciel Kies permet aussi de sauvegarder certaines données telles que vos contacts, votre agenda, vos messages, etc.

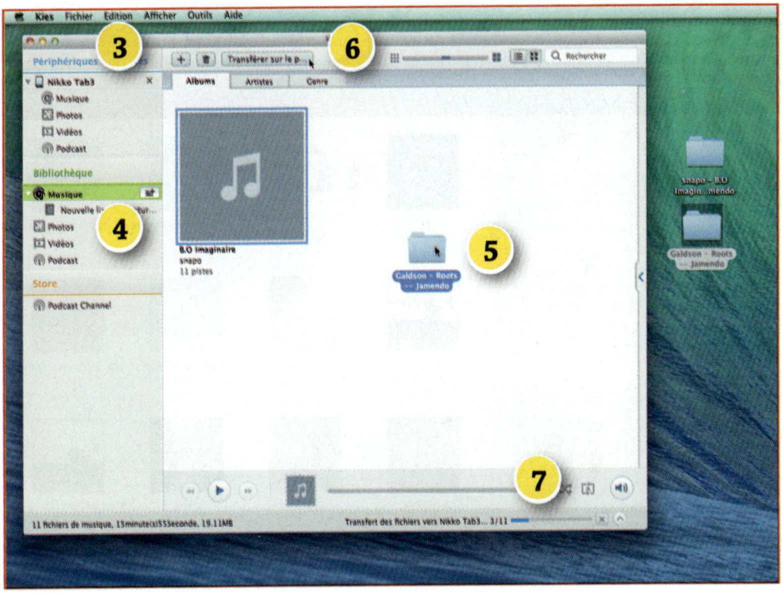

3 Après l'installation, démarrez Kies puis connectez votre tablette sur un port USB de votre Mac. Votre tablette est reconnue par le logiciel Kies.

4 Dans la colonne de gauche, cliquez sur **Musique** de la rubrique **Bibliothèque**.

5 Faites glisser dans cette partie le ou les fichiers audio de votre choix. Vous pouvez glisser directement des dossiers pour aller plus vite.

6 Cliquez sur le bouton **Transférer sur le périphérique** en haut de la fenêtre.

7 L'évolution du transfert est affichée en bas à gauche de la fenêtre.

Utiliser le lecteur

Maintenant que vos fichiers sont copiés sur votre tablette, vous pouvez en profiter. Votre tablette dispose nativement d'un lecteur de fichier audio.

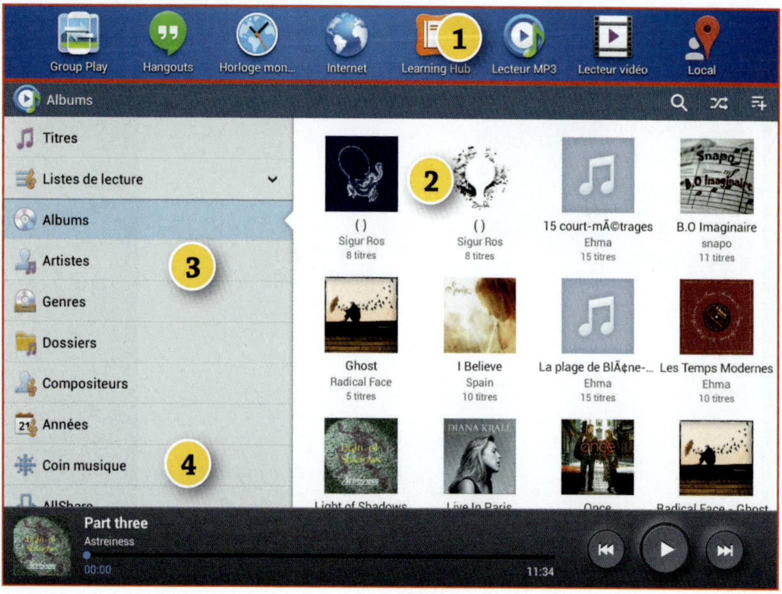

1 Appuyez sur l'icône d'accès aux applications puis appuyez sur l'icône **Lecteur MP3**.

2 Le lecteur MP3 est démarré et affiche, par défaut, une liste de tous les morceaux présents sur votre tablette triés par ordre alphabétique.

3 La colonne de gauche vous permet de modifier le classement avec différents choix.

4 L'option **Coin musique** permet un classement de vos fichiers suite à une analyse de leurs caractéristiques. Les morceaux sont regroupés et accessibles en appuyant sur un carré selon différentes caractéristiques affichées autour des carrés.

SUR L'ÉCRAN D'ACCUEIL Lorsque vous écoutez de la musique et que votre tablette se met en veille, la lecture n'est pas arrêtée. En remettant sous tension votre tablette, un mini lecteur est affiché sur l'écran de verrouillage et vous permet de contrôler la lecture de la musique.

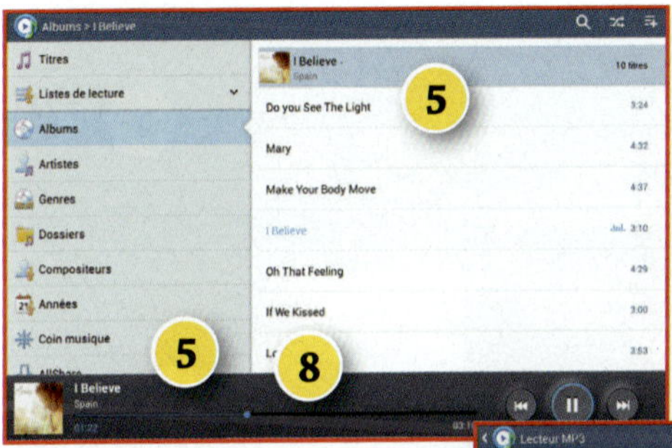

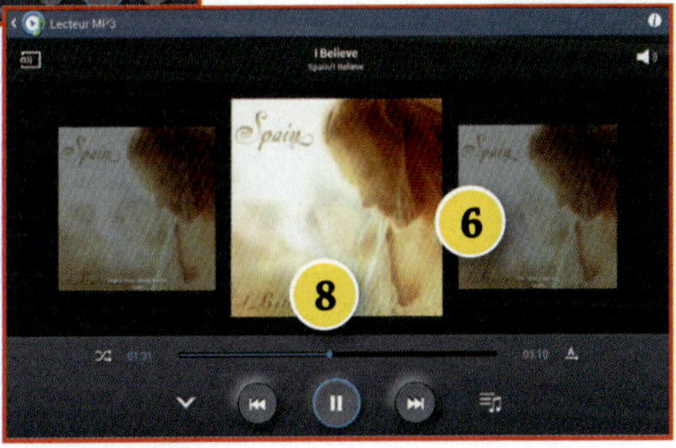

5 Pour démarrer la lecture d'un morceau, appuyez dessus dans la liste des morceaux. Les contrôles de la lecture se font dans la partie inférieure avec les différents boutons. En appuyant sur la vignette, l'affichage du lecteur passe en plein écran.

6 Pour changer de morceau, faites glisser les vignettes au centre de l'écran.

7 Pour revenir à l'affichage en liste, appuyez sur la touche retour.

8 La barre bleue sous la vignette indique la progression de la lecture. Appuyez dessus pour avancer ou reculer dans la lecture du morceau.

9 Si vous activez une autre application, la lecture ne s'arrête pas. Un mini lecteur est accessible en appuyant sur la zone de notification.

Modifier le volume

Avec les enceintes ou le casque, il est important de gérer le volume tant pour les personnes alentour que vos propres oreilles.

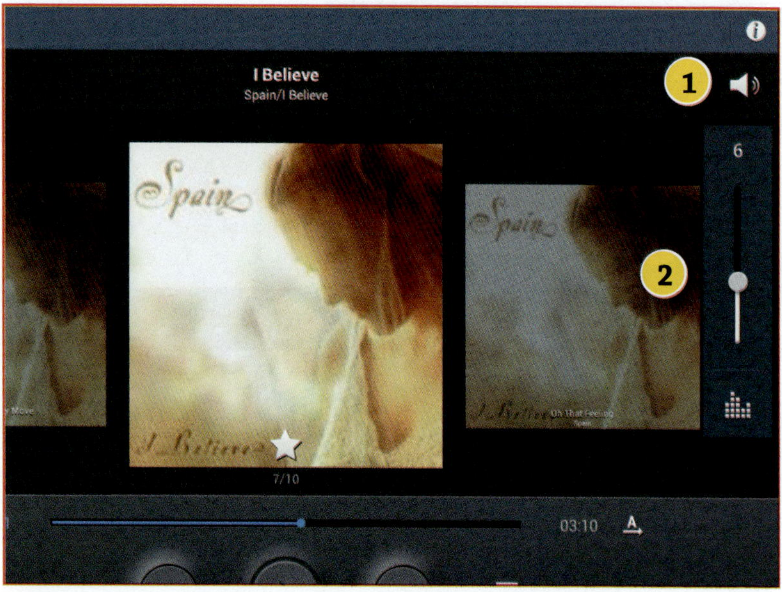

1 Dans l'application **Lecteur MP3** en mode plein écran, appuyez sur le bouton avec un haut-parleur.

2 Une réglette s'affiche et vous permet de modifier le volume.

MODIFICATION DU VOLUME D'autres applications peuvent modifier le volume de votre tablette. Cela peut être soit le volume global de la tablette soit juste le volume des applications, mais pas celui des notifications.

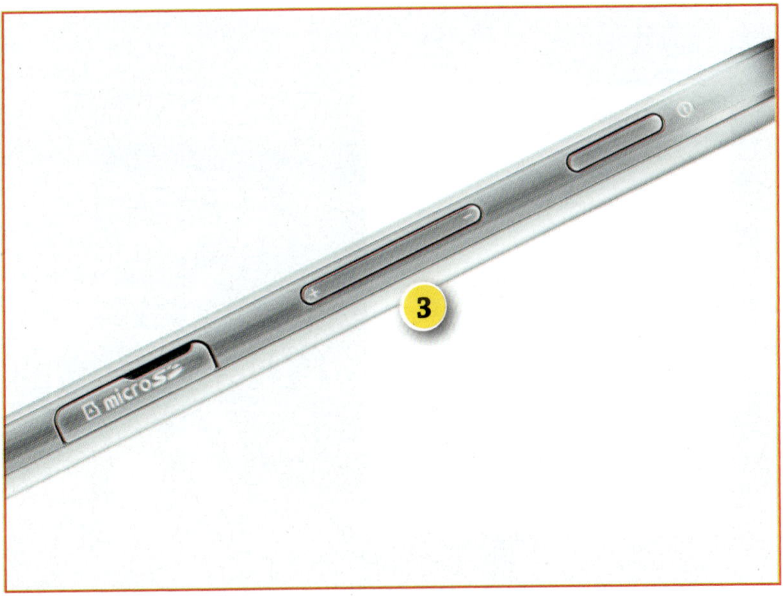

3 Vous pouvez aussi utiliser les boutons sur le côté de la tablette pour modifier le volume global de la tablette et donc celui de la musique.

4 Ce contrôle présente l'avantage d'être disponible en permanence même quand l'application Lecteur MP3 n'est pas disponible.

Utiliser l'équaliseur

En fonction du style de musique écoutée ou de l'ambiance à donner, il peut être utile de modifier le son produit par votre tablette. Le lecteur MP3 le permet avec l'équaliseur.

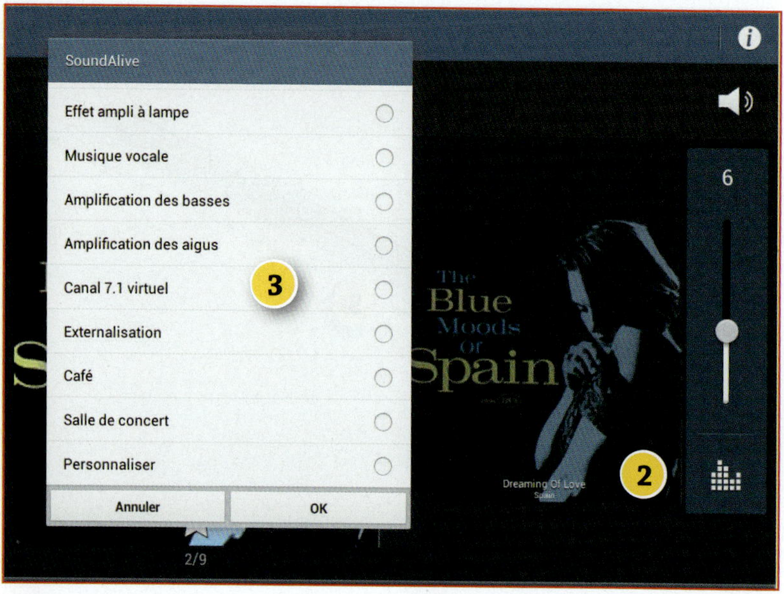

1 Démarrez l'application **Lecteur MP3** et passez en mode plein écran en cliquant sur la vignette de la zone de contrôle en haut à droite.

2 En mode plein écran, cliquez sur le haut-parleur puis sur l'icône en bas de la réglette de volume.

3 Vous avez le choix entre plusieurs modes audio. La liste est longue et vous pouvez la faire glisser pour découvrir toutes les options. Appuyez sur l'un des modes pour le sélectionner. La dernière option, **Personnaliser**, permet d'afficher l'équaliseur à 7 bandes.

ECOUTEURS EXTERNES Pour profiter pleinement des fonctions de l'équaliseur, connectez votre tablette à un système audio plus performant que les haut-parleurs intégrés ou que le casque audio. Vous pouvez utiliser la connexion Bluetooth pour la connecter à un système de votre choix comme une chaîne hi-fi ou un autoradio.

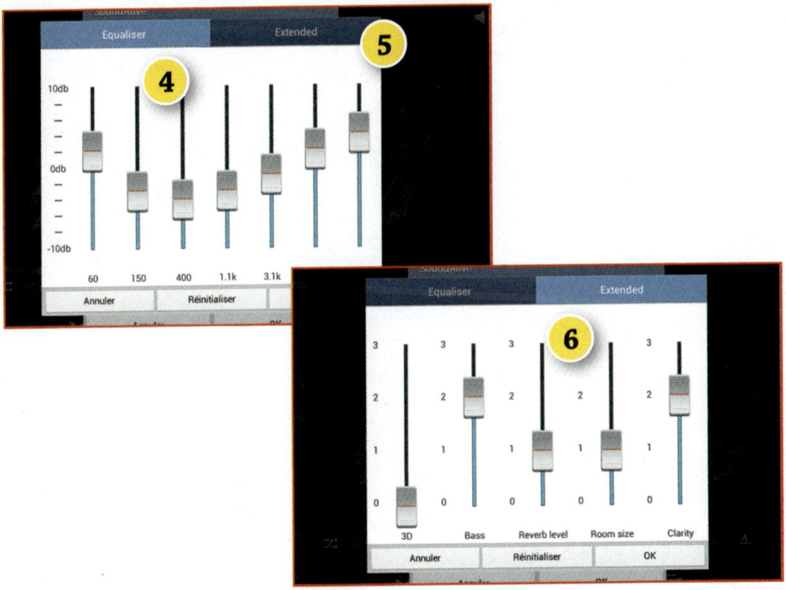

4 Celui-ci vous permet d'ajuster les niveaux par fréquence. Déplacez les curseurs vers le haut ou le bas pour modifier les niveaux. Appuyez sur **OK** pour valider vos choix.

5 Avec l'option **Personnaliser**, vous avez aussi accès à 5 autres paramètres en appuyant sur **Extended**, en haut à droite.

6 Ici, vous pouvez spatialiser le son avec les options **3D**, **Reverb** et **Room** size. L'option **Bass** booste les basses, et l'option **Clarity** joue sur les aigus.

CHAPITRE 5

027 • Charger des vidéos
028 • Utiliser le lecteur
029 • Regarder des vidéos sur YouTube

REGARDER DES VIDÉOS AVEC LA TAB 3

Charger des vidéos

La taille de l'écran de votre tablette Galaxy Tab 3 de 10 pouces est un atout considérable pour en faire un lecteur de vidéos de qualité et appréciable. Mais, pour en profiter, vous devez les charger sur votre tablette en la connectant à votre ordinateur. La procédure est différente entre les mondes Windows et Apple.

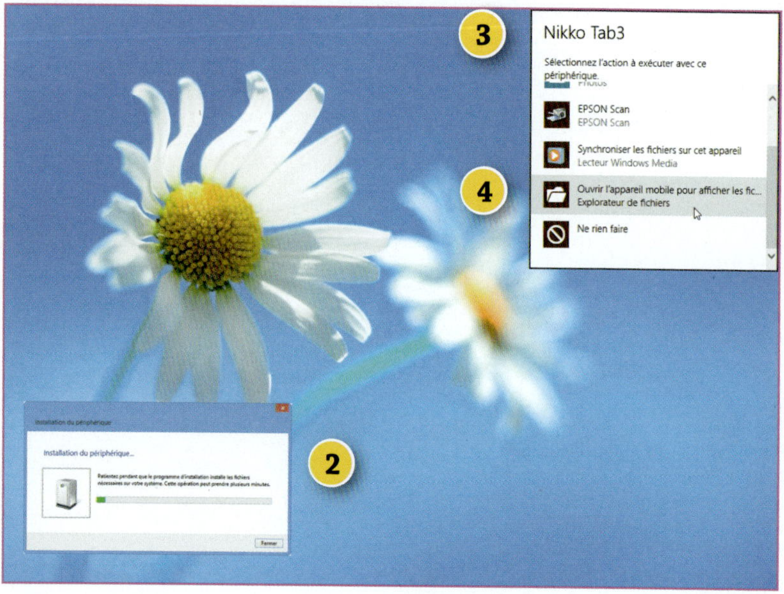

1 Avec Windows 8.1, vous n'êtes pas obligé d'installer le logiciel Samsung Kies. Connectez votre tablette à un port USB de votre ordinateur.

2 Laissez votre ordinateur installer automatiquement les pilotes de votre tablette si c'est la première connexion.

3 Une fois la reconnaissance de la tablette effectuée, une notification est affichée.

4 Cliquez sur **Ouvrir l'appareil mobile pour afficher les fichiers Explorateur de fichiers**.

FORMAT LISIBLE **Votre tablette Galaxy Tab 3 est capable de lire beaucoup de formats vidéo : 3GP, ASF, AVI, MPEG4, MP4, WMV, FLV, MKV, WebM. Ainsi, vos vidéos peuvent provenir de sources multiples.**

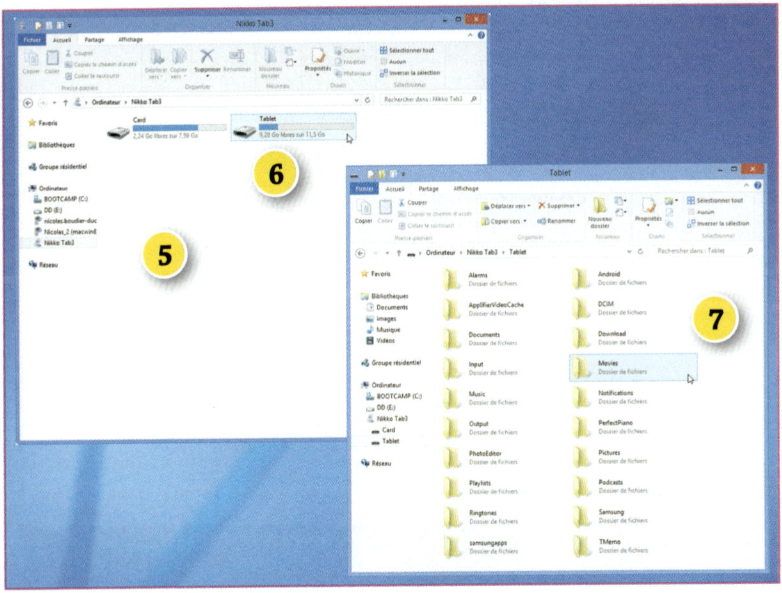

5 Les unités de stockage de votre tablette sont affichées, c'est-à-dire la mémoire interne, sous le nom **Tablet**, et la carte mémoire, si vous en avez une d'insérée dans la tablette, sous le nom **Card**, avec l'espace total et l'espace disponible pour chaque unité.

6 Double-cliquez sur **Tablet** puis sur le dossier **Movies**.

7 Copiez vos fichiers vidéo dans ce dossier pour qu'ils soient disponibles sur votre tablette.

Charger des vidéos

Comme pour la copie de musique, si vous utilisez votre tablette avec un Mac, vous devez obligatoirement passer par le logiciel Samsung Kies pour transférer les fichiers de votre choix.

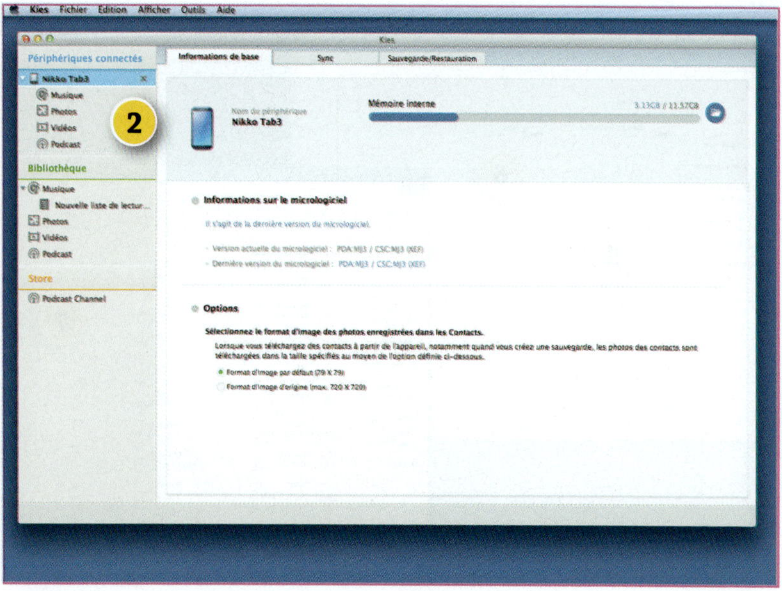

1 Reportez-vous au chapitre **Ecouter de la musique avec la Tab 3** pour suivre la procédure de téléchargement et d'installation de Samsung Kies pour Mac.

2 Après l'installation, démarrez Kies puis connectez votre tablette sur un port USB de votre Mac. Votre tablette est reconnue par le logiciel Kies.

ESPACE DE STOCKAGE **Les vidéos occupent beaucoup d'espace et vous devez surveiller votre espace de stockage sous peine de ne plus pouvoir copier de musique ou la vidéo, voire installer des applications. Pensez à supprimer les vidéos que vous ne regardez plus. Vous pouvez le faire en connectant votre tablette à votre ordinateur et en supprimant les fichiers vidéo dans le dossier Movies.**

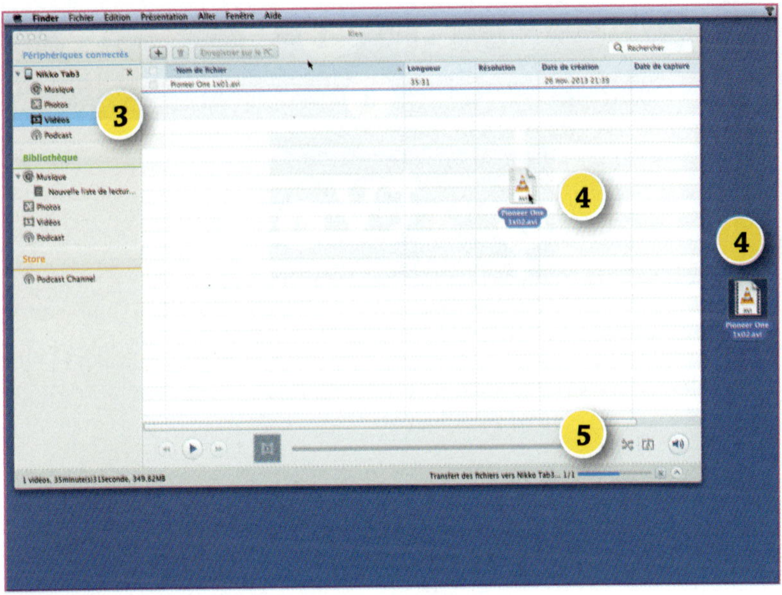

3 Dans la colonne de gauche, cliquez sur **Vidéos** sous le nom de votre tablette.

4 Faites glisser dans cette partie le ou les fichiers vidéo de votre choix. Vous pouvez glisser directement des dossiers pour aller plus vite.

5 Les fichiers sont directement transférés vers votre tablette et la progression du transfert est visible en bas à droite de la fenêtre.

Utiliser le lecteur

Après le transfert de vos fichiers vidéo, vous pouvez en profiter avec le lecteur de vidéos fourni nativement avec votre tablette.

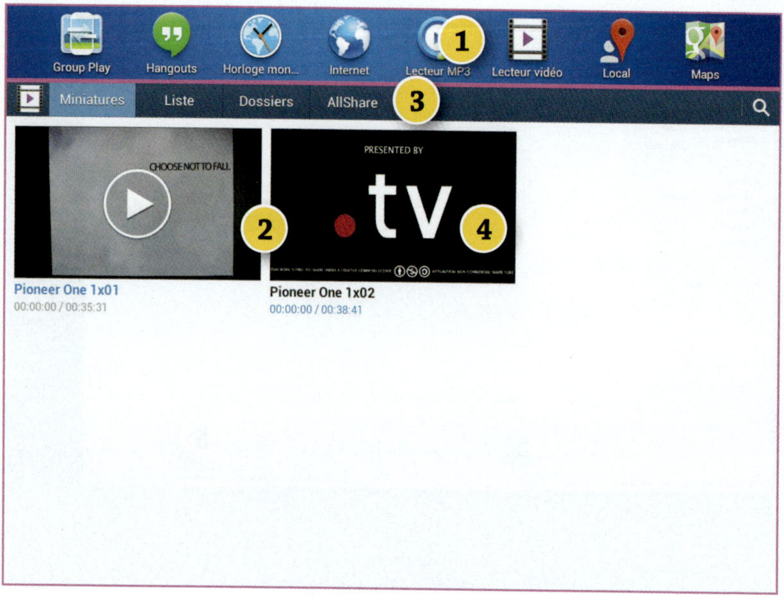

1 Appuyez sur l'icône d'accès aux applications puis appuyez sur l'icône **Lecteur vidéo**.

2 Le lecteur vidéo est démarré. Les fichiers vidéo présents sur votre tablette, dans la mémoire interne ou sur la carte mémoire, sont affichés sous forme de vignettes animées.

3 Vous pouvez choisir d'autres modes d'affichage dans la barre du haut. L'option **Liste** affiche les vidéos sous forme de liste. L'option **Dossiers** affiche le nom des dossiers contenant des vidéos.

4 Pour démarrer la lecture d'une vidéo, appuyez sur sa vignette ou sur son nom. La lecture démarre en plein écran.

PETITE FENÊTRE L'icône en bas à droite de la fenêtre permet d'afficher la vidéo dans une fenêtre flottante. Vous pouvez la déplacer en appuyant dessus, en maintenant la pression puis en la faisant glisser. Vous pouvez aussi la redimensionner en appuyant dessus avec deux doigts, en maintenant la pression puis en écartant les doigts en diagonale pour l'agrandir ou en rapprochant les doigts pour la rétrécir.

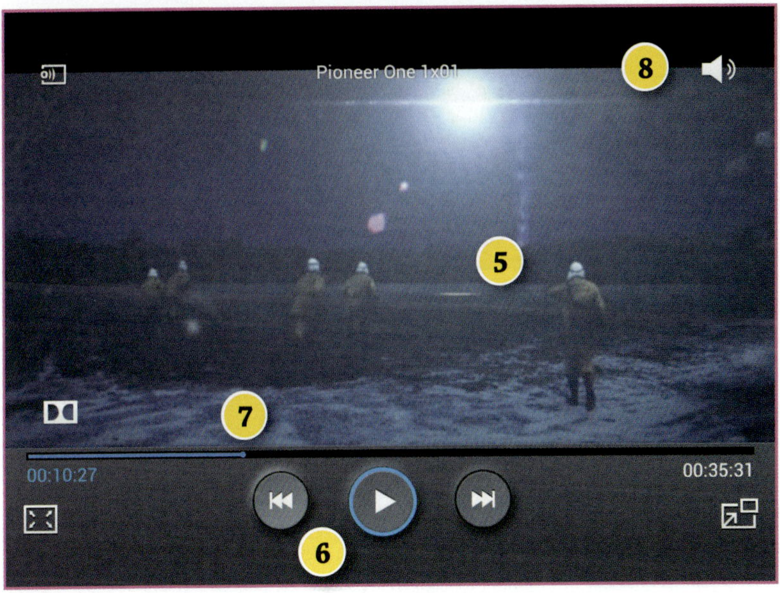

5 Pour faire apparaître les contrôles, appuyez sur l'écran.

6 En bas de la fenêtre, les trois boutons vous permettent, de gauche à droite, d'aller au fichier précédent, de démarrer ou de mettre en pause la lecture et d'aller au fichier suivant.

7 La barre bleue indique la progression de la lecture et vous permet aussi, en appuyant dessus, d'avancer ou de reculer dans la lecture du fichier.

8 Appuyez sur cette icône pour afficher une réglette vous permettant de modifier le volume.

Regarder des vidéos sur YouTube

Si vous êtes connecté à Internet avec votre tablette, vous pouvez aussi visionner des vidéos en streaming sur YouTube, c'est-à-dire que le chargement de la vidéo se fait en même temps que la lecture. Une application dédiée est fournie avec votre tablette.

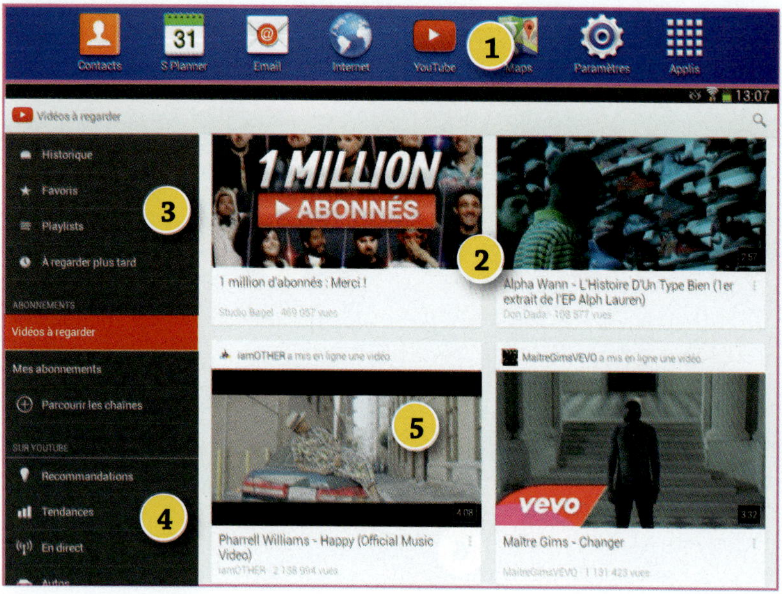

1 Appuyez sur l'icône **YouTube** présente sur l'écran d'accueil. Vous la trouverez aussi dans la liste des applications.

2 Les vidéos sont présentées sous forme de vignettes dans la partie droite de la fenêtre.

3 La colonne de gauche vous permet, dans la partie haute, de gérer les vidéos vues ou à voir.

4 La partie basse de la colonne de gauche vous permet d'afficher les vidéos par catégorie.

5 Pour visionner une vidéo, appuyez sur sa vignette.

MINIATURE Lorsque vous visionnez une vidéo, appuyez sur la flèche vers le bas située en haut à droite. La vidéo est placée en miniature en bas à droite, ce qui vous permet de naviguer dans l'application YouTube tout en visionnant la vidéo. Appuyez sur la vidéo pour revenir à la taille normale ou déplacez-la vers la gauche pour la fermer.

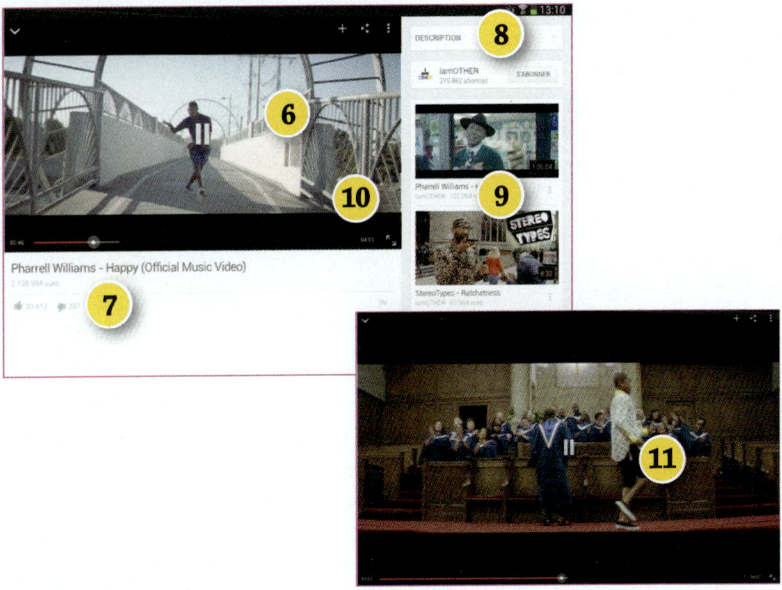

6 La vidéo est affichée dans la partie supérieure gauche.

7 Sous la vidéo est indiqué le nombre de vues. Les mains vers le haut et vers le bas vous permettent d'indiquer si vous aimez ou pas cette vidéo.

8 La colonne de droite vous permet d'afficher de multiples informations en appuyant sur **Description**.

9 La colonne de droite présente aussi d'autres vidéos en relation avec la vidéo visionnée.

10 En appuyant sur la vidéo, les contrôles sont affichés. Le bouton en bas à droite permet d'afficher la vidéo en plein écran.

11 Avec la vidéo plein écran, les contrôles sont les mêmes. Appuyez en bas à droite pour revenir à la normale.

CHAPITRE 6

030 • Démarrer Samsung Apps
031 • Installer une application Samsung Apps
032 • Gérer son compte Samsung Apps
033 • Démarrer Google Play Store
034 • Télécharger un élément sur Play Store
035 • Mettre à jour les applications
036 • Désinstaller une application
037 • Surveiller les applications en cours d'exécution

GÉRER LES APPLICATIONS DE LA TAB 3

Démarrer Samsung Apps

Même si votre tablette est livrée avec plusieurs applications, elles ne permettent pas de tout faire. Heureusement, vous pouvez télécharger des applications pour profiter pleinement de votre tablette. La première solution pour acquérir des applications est la boutique d'applications de Samsung : Samsung Apps.

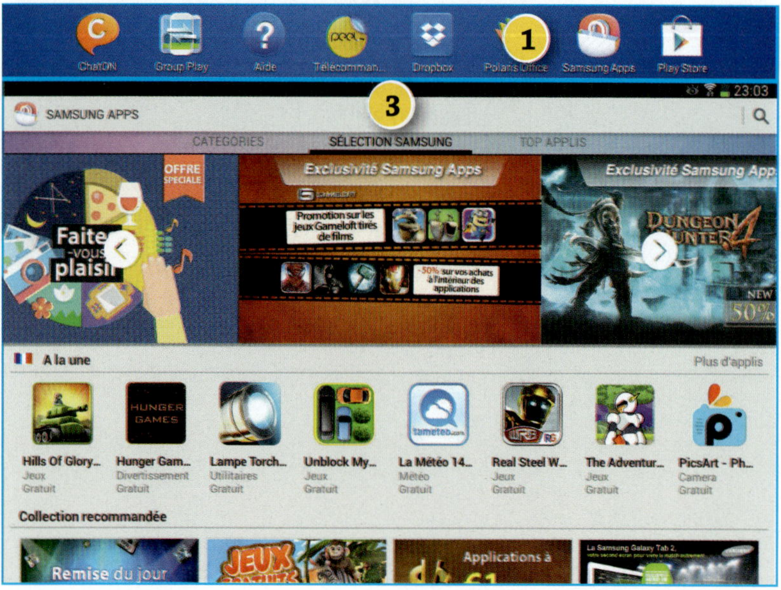

1 Appuyez sur l'icône **Samsung Apps** présente sur l'écran d'accueil de votre tablette.

2 Si vous l'avez supprimée, vous pouvez retrouver l'icône **Samsung Apps** dans la liste des applications.

3 L'application **Samsung Apps** est démarrée.

LA DIFFÉRENCE AVEC LE PLAY STORE La boutique de Samsung, Samsung Apps, est un complément au Play Store de Google. Vous aurez, le plus souvent, des promotions sur des applications payantes choisies par Samsung.

4 Appuyez sur la touche **Menu**.

5 Dans le menu qui s'affiche, appuyez sur **Connexion**.

Démarrer Samsung Apps

Pour utiliser l'application Samsung Apps, vous devez créer un compte Samsung. Cette opération est gratuite, mais obligatoire pour profiter des offres Samsung. Heureusement, l'opération est assez rapide et ne se fait qu'une seule fois.

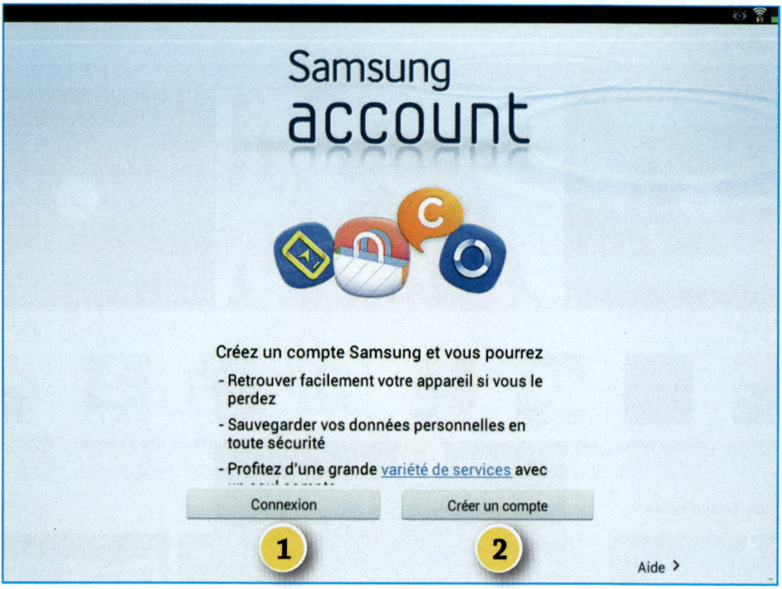

1 L'écran d'accueil de la création de votre compte est affiché. Si vous avez déjà un compte Samsung, appuyez sur **Connexion**. Vous serez amené à saisir l'identifiant et le mot de passe associé à ce compte.

2 Si vous n'avez pas de compte Samsung, appuyez sur **Créer un compte**.

CONDITIONS D'UTILISATION **Vous êtes obligé d'accepter les conditions d'utilisation, les conditions particulières et les règles de confidentialité pour accéder à l'application Samsung Apps et en profiter. Sans cela, l'application pourra démarrer, mais vous ne pourrez rien télécharger ou acheter.**

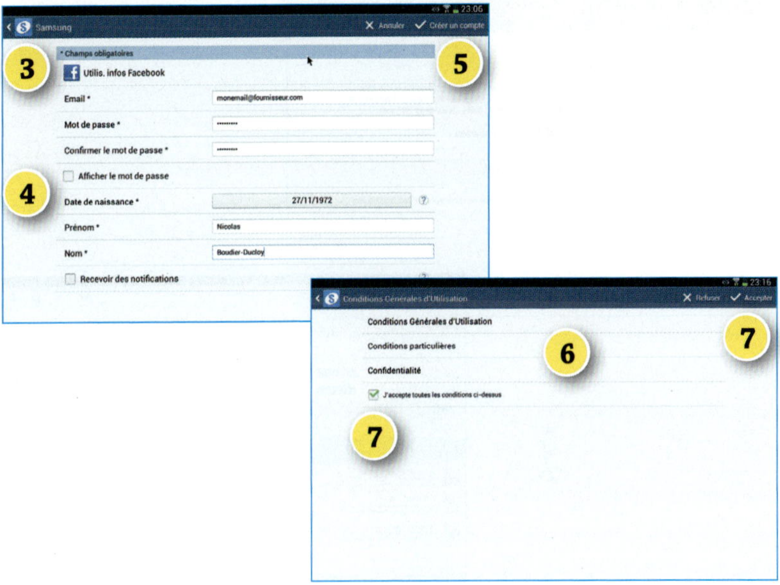

3 Si vous avez un compte Facebook, appuyez sur le bouton **Utilis. infos Facebook**. Après autorisation, les informations seront insérées dans les champs correspondants.

4 Sans compte Facebook, ou si vous ne voulez pas l'utiliser, renseignez les différents champs.

5 Appuyez sur **Créer un compte** pour continuer.

6 L'écran suivant vous propose de lire les conditions d'utilisation, les conditions particulières et les clauses de confidentialité. Appuyez sur un des items pour afficher le texte correspondant.

7 Cochez cette case pour valider puis appuyez sur **Accepter** pour continuer.

Démarrer Samsung Apps

Pour valider votre compte, vous devez utiliser un e-mail existant et valide, car un contrôle est effectué. Même si cela est ennuyeux, cela permet de vérifier que vous êtes bien le détenteur de l'adresse e-mail utilisée.

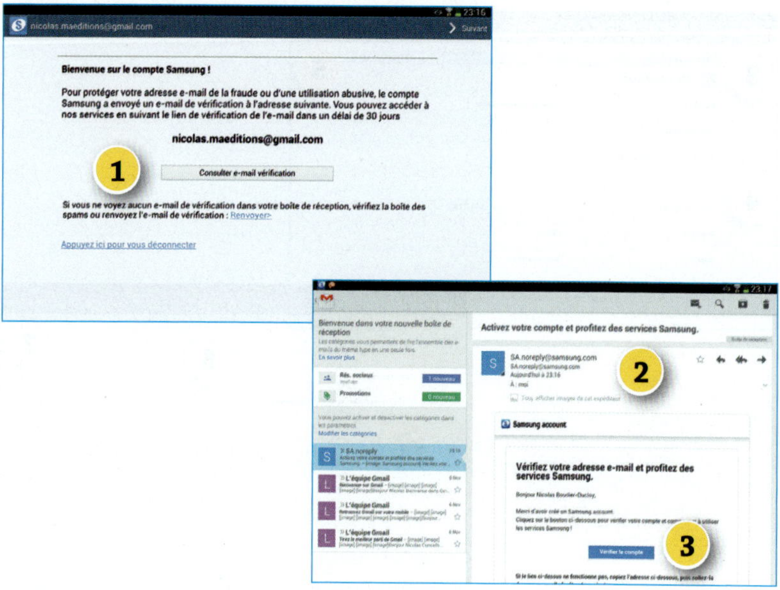

1 Votre compte est créé, mais vous devez le valider. L'écran suivant vous invite à appuyer sur le bouton **Consulter e-mail vérification** pour accéder à votre e-mail et valider le compte.

2 Automatiquement, l'application **Gmail** est démarrée et votre courrier est affiché.

3 Dans l'e-mail de vérification, appuyez sur le bouton **Vérifier le compte**.

UN SEUL COMPTE **Un seul compte Samsung peut être utilisé avec votre tablette. Il est toutefois possible de le supprimer pour en utiliser un autre, mais certaines applications installées et certaines données associées à ces applications pourraient ne plus être accessibles, car elles sont aussi reliées au compte.**

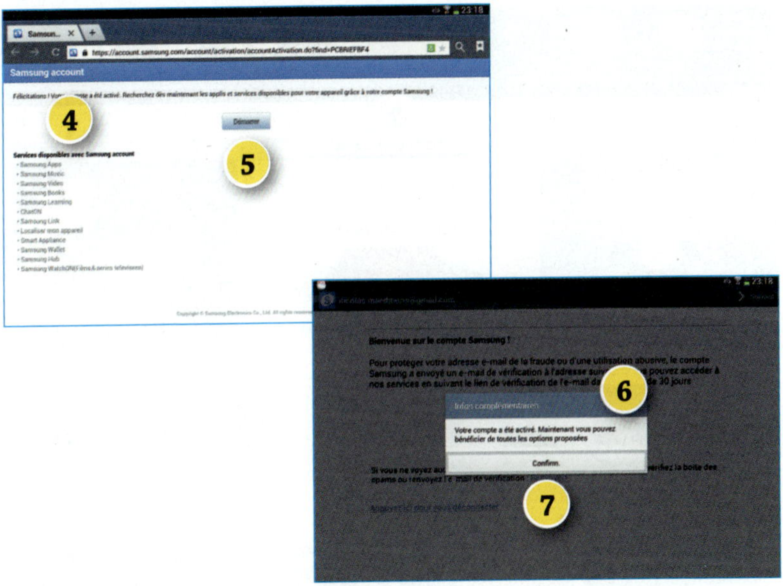

4 Le navigateur par défaut de votre tablette est démarré et affiche le message de validation de votre compte ainsi que la liste des options et accès autorisés.

5 Appuyez sur le bouton **Démarrer** afin de revenir sur l'application **Samsung Apps**.

6 De retour dans l'application, un message vous confirme l'activation du compte.

7 Appuyez sur le bouton **Confirm.** pour finir. Vous serez automatiquement basculé vers l'application **Samsung Apps**.

Installer une application Samsung Apps

Maintenant que votre compte Samsung est créé, validé et confirmé, vous pouvez profiter pleinement des offres de l'application Samsung Apps.

1 Appuyez sur l'icône d'accès aux applications puis appuyez sur l'icône **Samsung Apps**.

2 L'écran d'accueil de l'application est affiché.

3 Parcourez les catégories des applications ou effectuez une recherche en appuyant sur la loupe en haut à droite.

4 Une fois l'application trouvée, appuyez sur son icône.

GÉRER LES APPLICATIONS DE LA TAB 3 031

BEAUCOUP D'APPLICATIONS Vous pouvez acheter, télécharger et installer autant d'applications que vous voulez. La seule limite est celle de l'espace de stockage de votre tablette. En cas de manque d'espace, vous serez amené à désinstaller certaines applications. Cette procédure est expliquée plus loin dans ce chapitre.

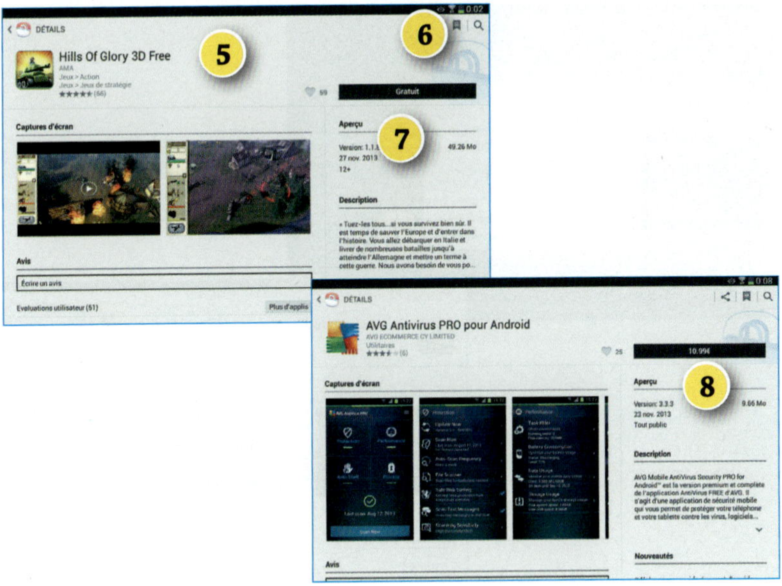

5 La fiche de l'application est affichée.

6 Pour la placer dans votre panier afin de l'installer plus tard, appuyez sur cette icône en forme d'étiquette.

7 Si elle est gratuite, appuyez sur le bouton **Gratuit**.

8 Si elle est payante, appuyez sur le bouton avec le prix. Suivez la procédure pour finaliser l'achat.

Installer une application Samsung Apps

Chaque application dispose d'autorisation sur différents éléments de votre tablette. Cela peut être la simple consultation de l'état de la batterie jusqu'à la lecture de votre carnet d'adresses. Si vous n'êtes pas d'accord avec certaines autorisations, n'installez pas l'application.

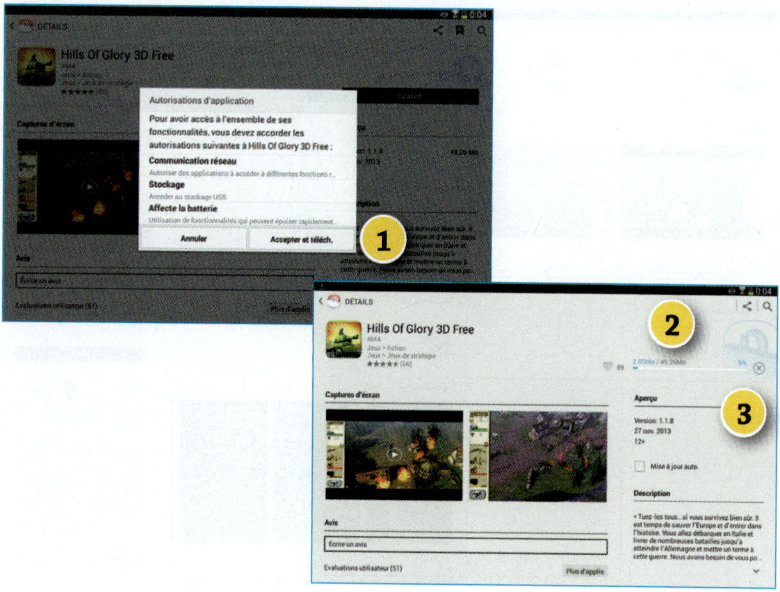

1 Avant l'installation, vous devez valider les autorisations de l'application. Appuyez sur **Accepter et téléch.**.

2 Le téléchargement démarre et vous pouvez suivre l'évolution dans cette zone.

3 Vous pouvez annuler le téléchargement, en appuyant sur la croix.

POURQUOI LES AUTORISATIONS **Les autorisations sont nécessaires pour le bon fonctionnement des applications. Ainsi, une application de gestion de SMS doit pouvoir accéder à votre carnet d'adresses pour expédier des SMS. Par contre, pour un jeu, ce n'est pas une obligation. Soyez vigilant.**

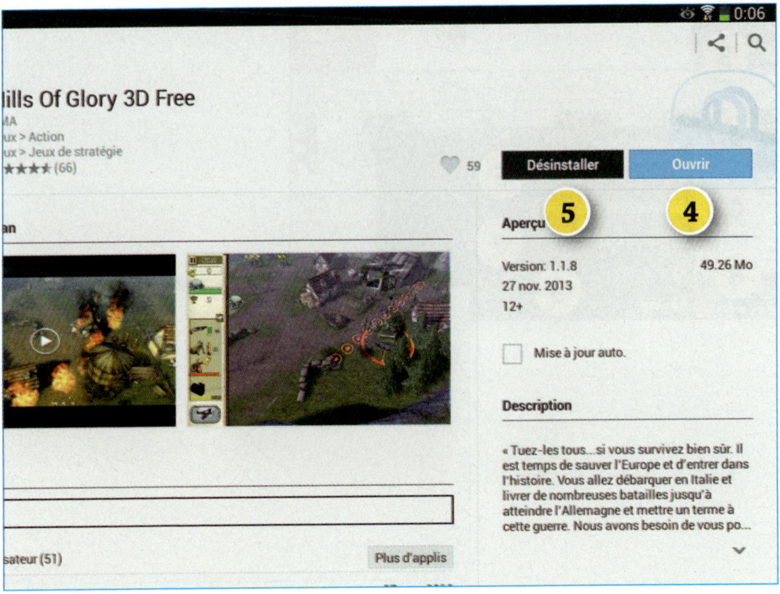

4 À la fin du téléchargement, vous pouvez directement démarrer l'application en appuyant sur **Ouvrir**.

5 Notez que vous pouvez désinstaller l'application en appuyant sur **Désinstaller**. Une autre méthode de désinstallation est abordée à la fiche 36.

Gérer son compte Samsung Apps

La gestion de votre compte Samsung Apps sert à plusieurs choses : vérifier les mises à jour des applications, gérer la liste de souhait, gérer les bons de réduction et enregistrer les informations de votre carte bancaire.

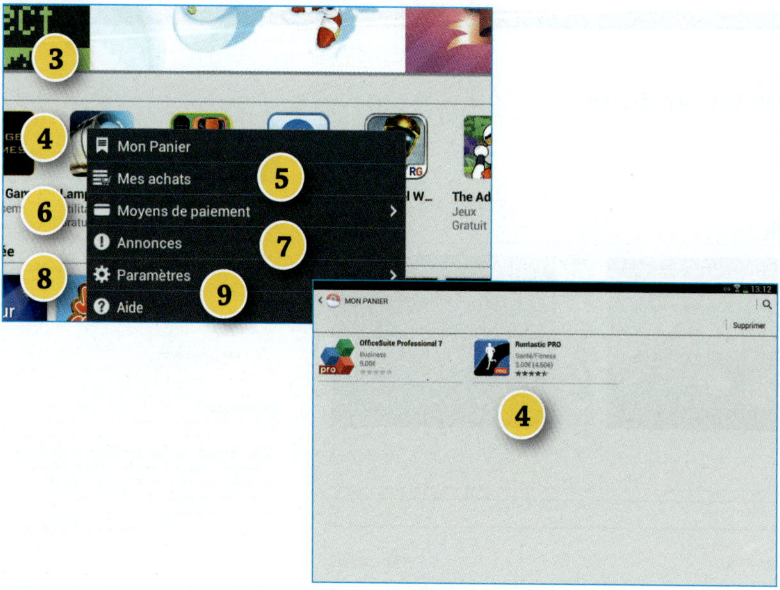

1 Dans la liste des applications, appuyez sur **Samsung Apps**.

2 Une fois l'application démarrée, appuyez sur le bouton **Menu**.

3 Le menu qui s'affiche vous permet plusieurs actions.

4 Appuyez sur **Mon Panier** pour accéder aux applications placées dans le panier en attente d'achat ou d'installation.

AUTOMATIQUE **L'application Samsung Apps détectera si votre tablette est connectée à Internet et ira vérifier automatiquement s'il existe des mises à jour pour vos applications. Si c'est le cas, ces mises à jour vous seront proposées *via* un message affiché à l'écran.**

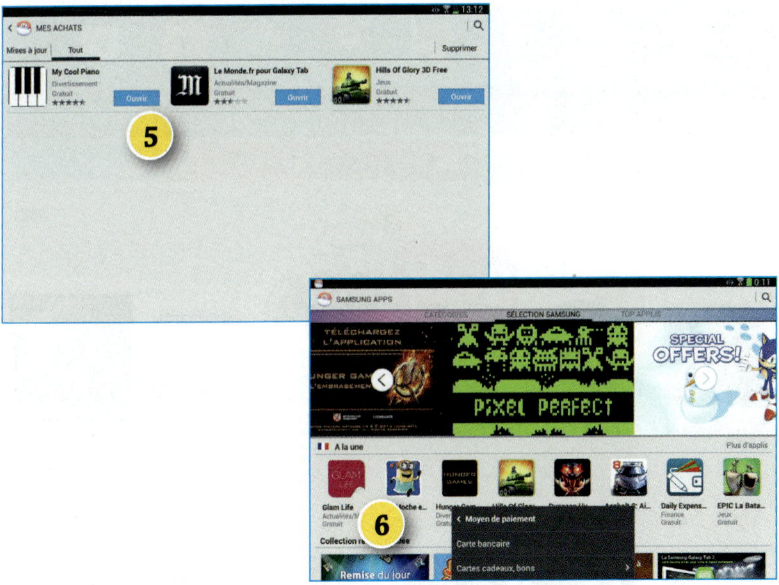

5 **Mes achats** affiche les applications achetées ou installées gratuitement.

6 **Moyens de paiement** vous permet de gérer votre carte de paiement ainsi que vos bons d'achat.

7 **Annonces** permet d'afficher des annonces de Samsung.

8 **Paramètres** vous permet d'accéder aux paramètres de l'application.

9 **Aide** affiche l'aide de l'application dans le navigateur Internet de votre tablette.

Démarrer Google Play Store

Le Google Play Store est la boutique officielle de Google pour les systèmes Android, dont votre tablette. Elle présente un grand choix d'applications gratuites et payantes, mais aussi la possibilité d'acheter des livres, de la musique et des vidéos.

1 Sur l'écran d'accueil, appuyez sur l'icône **Play Store**.

2 Si vous l'avez supprimée, vous pouvez la retrouver dans la liste des applications.

3 L'écran d'accueil du **Play Store** est affiché. Il est séparé en plusieurs parties.

GRATUITÉ **Sur le Play Store, seules les catégories Applications, Jeux et Livres proposent des éléments gratuits. Néanmoins, pour le téléchargement de livres gratuit, vous devez tout de même renseigner un moyen de paiement.**

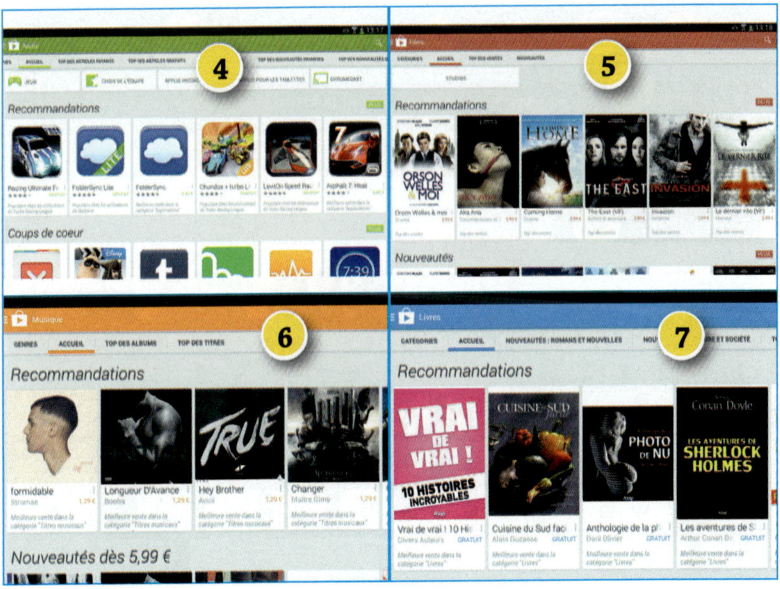

4 Les parties vertes représentent les applications et les jeux. Les jeux étant eux-mêmes des applications, mais une partie leur est dédiée.

5 La partie rouge concerne les films.

6 La partie orange concerne la musique, morceaux ou albums.

7 La partie bleue concerne les livres.

Télécharger un élément sur Play Store

Après avoir exploré le vaste contenu du Play Store, il est temps de télécharger un élément. Cela peut être un élément payant comme un élément gratuit. La procédure est la même, sauf pour le paiement.

1 Sur l'écran d'accueil, appuyez sur l'icône **Play Store**.

2 Si vous l'avez supprimée, vous pouvez la retrouver dans la liste des applications.

3 Parcourez les catégories pour trouver l'élément désiré.

4 Vous pouvez aussi cliquer sur le bouton avec la loupe en haut à droite pour effectuer une recherche.

5 Le champ de recherche est affiché en haut à gauche et le clavier virtuel devient actif.

6 Saisissez le texte de l'élément recherché.

7 Les premiers résultats sont affichés sous le champ de recherche. Appuyez sur celui de votre choix.

AUTORISATIONS Les applications et les jeux nécessitent aussi que vous validiez les autorisations avant l'installation. Pour la musique, les films et les livres, il n'y a pas ce souci.

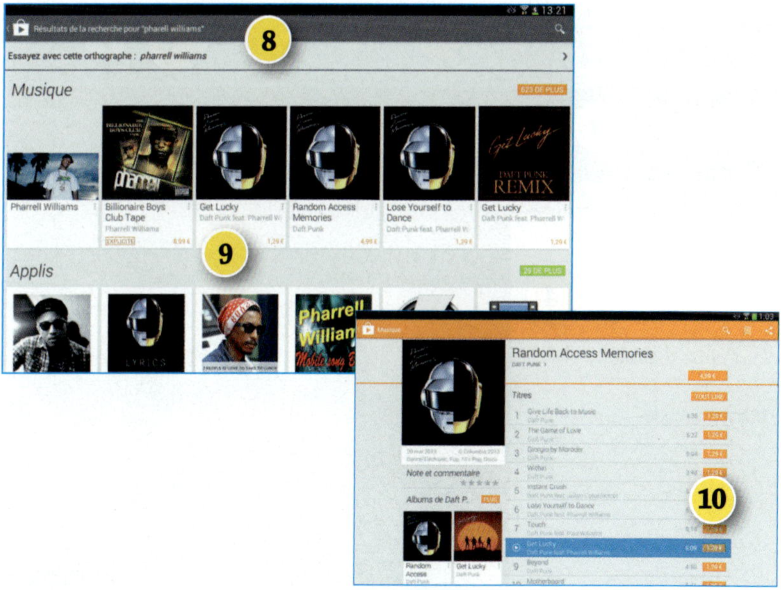

8 La page de résultats est affichée. Les éléments trouvés sont classés par catégories si vous avez effectué votre recherche depuis l'écran d'accueil du Play Store. Si vous étiez dans une catégorie, seuls les résultats de cette catégorie sont affichés.

9 Appuyez sur l'élément de votre choix pour afficher sa fiche.

10 Si l'élément est payant, appuyez sur son prix pour accéder à la procédure d'achat.

11 Si l'élément est gratuit, appuyez sur le bouton **Installer**, qui remplace le bouton avec le prix.

12 L'installation ou le téléchargement de l'élément est alors initié.

Mettre à jour les applications

Comme pour les applications d'ordinateurs, les applications pour tablettes peuvent avoir des mises à jour. Soit cette mise à jour corrige des problèmes, soit elle apporte des nouveautés. Dans un cas comme dans l'autre, autant le faire.

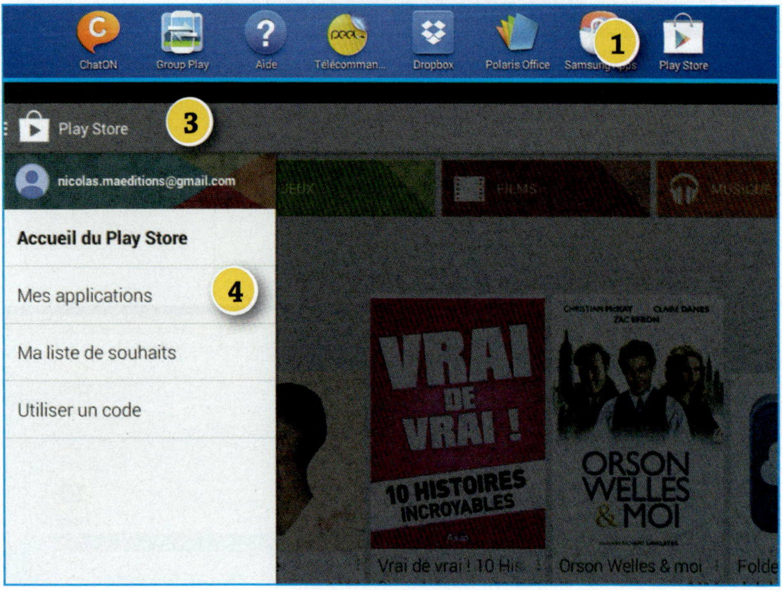

1 Sur l'écran d'accueil, appuyez sur l'icône **Play Store**.

2 Si vous l'avez supprimée, vous pouvez la retrouver dans la liste des applications.

3 Appuyez en haut à gauche sur **Play Store**.

4 Dans le menu qui s'affiche, appuyez sur **Mes applications**.

GÉRER LES APPLICATIONS DE LA TAB 3 035

UNE QUESTION DE SÉCURITÉ La mise à jour d'une application peut aussi relever d'un problème de sécurité découvert et corrigé. Il est fortement conseillé d'effectuer les mises à jour proposées.

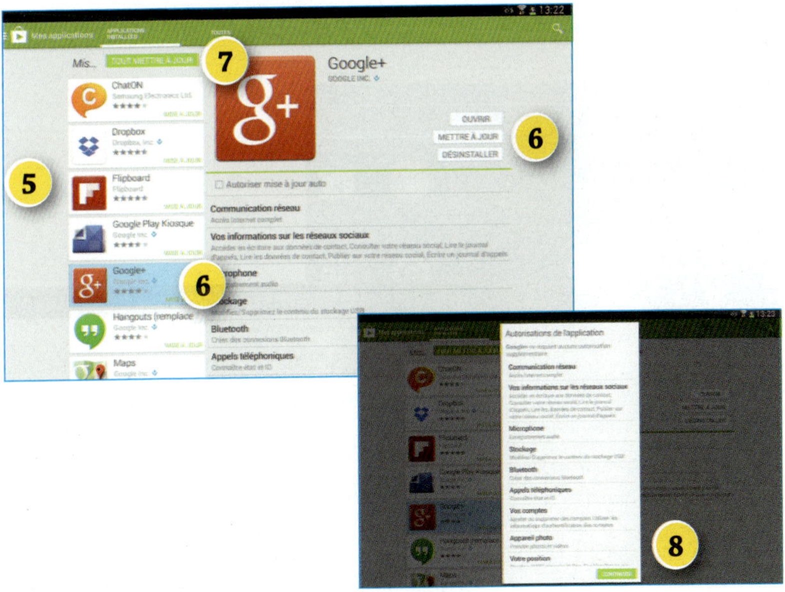

5 Les applications à mettre à jour sont listées dans la colonne de gauche.

6 Vous pouvez mettre à jour une seule application en appuyant sur son nom dans la colonne de gauche, puis en appuyant sur **Mettre à jour** dans la partie droite de l'écran.

7 Pour mettre toutes les applications à jour, appuyez sur **Tout mettre à jour** en haut de la colonne de gauche.

8 Si une ou plusieurs applications nécessitent de nouvelles autorisations, un écran s'affiche et vous liste ces autorisations. Appuyez sur **Continuer** pour accepter ces autorisations.

9 Les mises à jour sont téléchargées et installées.

Désinstaller une application

La désinstallation d'une application sert soit à faire le ménage dans les applications qui ne vous servent plus, soit à récupérer de l'espace de stockage pour en installer d'autres. Dans les deux cas, la procédure est la même.

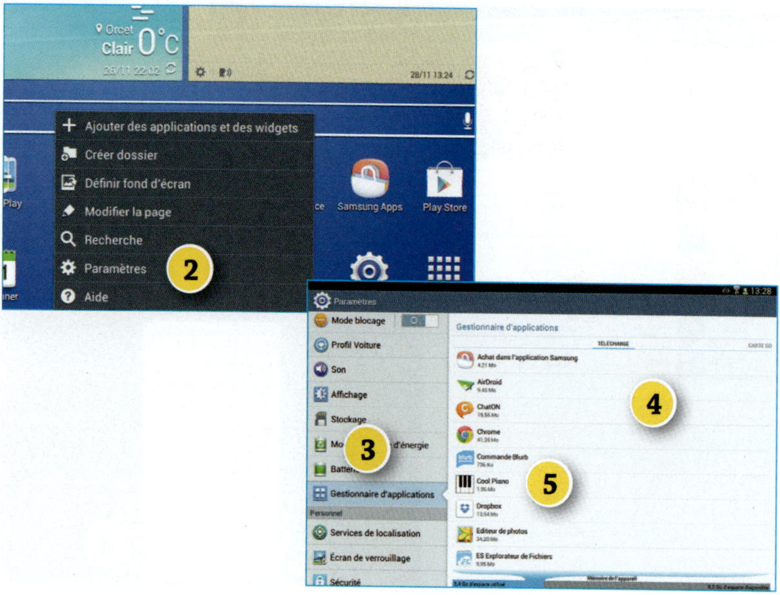

1 Tout en étant sur l'écran d'accueil, appuyez sur le bouton **Menu**.

2 Dans le menu qui s'affiche, appuyez sur **Paramètres**.

3 Dans l'écran **Paramètres**, appuyez dans la colonne de gauche sur **Gestionnaire d'applications**.

4 La partie droite de l'écran affiche la liste des applications installées.

5 Appuyez sur le nom de celle que vous voulez désinstaller.

PAS TOUTES Vous ne pouvez pas désinstaller toutes les applications présentes dans la liste. En effet, les applications système, comme le Play Store, Samsung Apps ou la Recherche Google, font partie intégrante de la tablette. Généralement, ce sont les applications que vous avez installées qui peuvent être désinstallées.

6 L'écran de l'application est affiché. Appuyez sur le bouton **Désinstaller**.

7 Un message vous demande de confirmer la désinstallation. Appuyez sur **OK** pour valider.

8 L'application et les données associées sont supprimées de votre tablette.

Surveiller les applications en cours d'exécution

Lorsque vous revenez d'une application à l'écran d'accueil, l'application n'est pas quittée, mais mise en pause. Même si cela réduit l'utilisation de ressources, votre tablette peut avoir des ralentissements. Surveillez donc les applications en cours d'exécution et fermez-en certaines pour libérer des ressources.

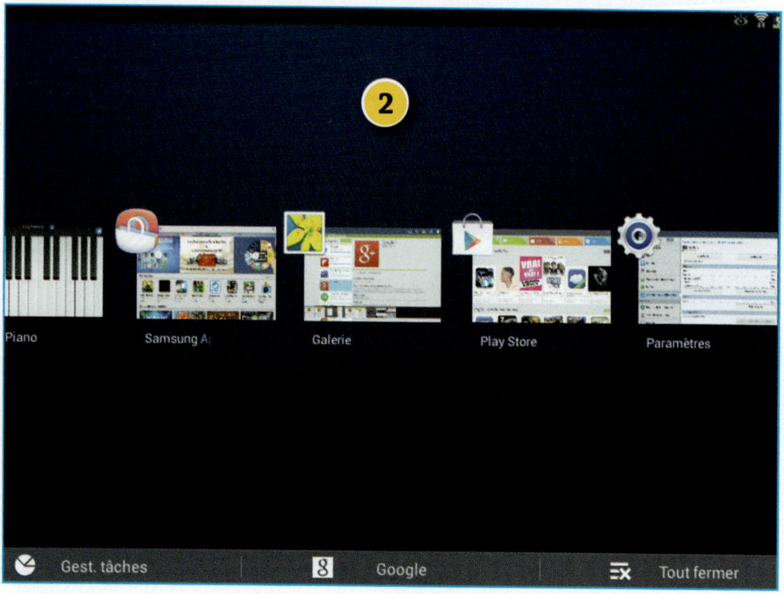

1 Effectuez un appui long sur le bouton **Accueil**.

2 Les applications en cours d'exécution sont affichées par vignette sur une ligne horizontale. Faites défiler cette liste vers la droite, pour visualiser les autres applications en cours d'exécution.

POURQUOI EN PAUSE **Le fait de mettre les applications en pause peut être utile si vous utilisez souvent les mêmes applications. En effet, avec la mise en pause, elle redémarre plus rapidement et vous patientez moins. Mais, avec beaucoup d'applications différentes, le ménage s'impose de temps en temps.**

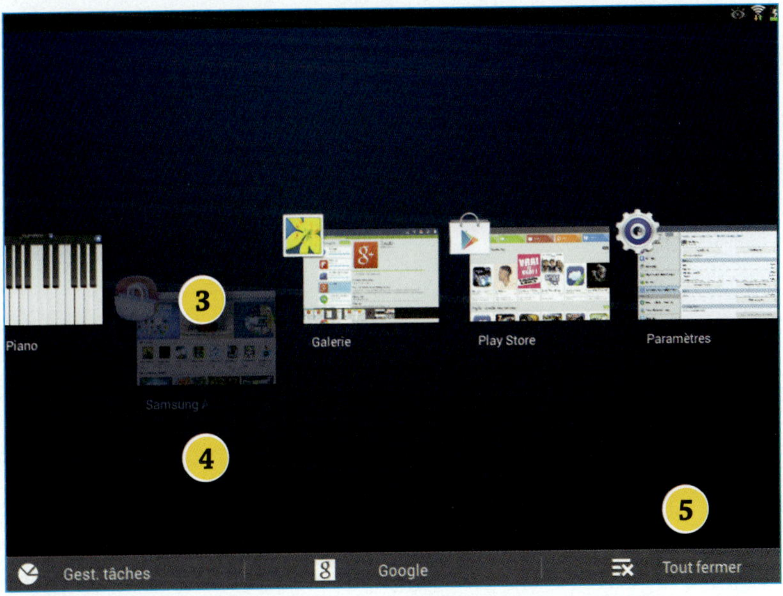

3 Pour fermer réellement une application, appuyez sur sa vignette, maintenez la pression et faites glisser la vignette vers le bas jusqu'à ce que la vignette disparaisse.

4 Relâchez pour finir.

5 Pour fermer toutes les applications, appuyez sur **Tout fermer** en bas à droite.

CHAPITRE 7

038 • Configurer E-mail
039 • Écrire et recevoir des e-mails
040 • Utiliser Gmail
041 • Utiliser Google+
042 • Utiliser Facebook
043 • Utiliser Twitter
044 • Utiliser le navigateur Internet
045 • Gérer les favoris

COMMUNIQUER AVEC LA TAB 3

Configurer E-mail

Votre tablette est livrée avec une application native pour gérer votre courrier électronique : E-mail. Celle-ci vous permet de gérer n'importe quelle adresse e-mail existante. Mais vous devez la configurer avant de pouvoir l'utiliser.

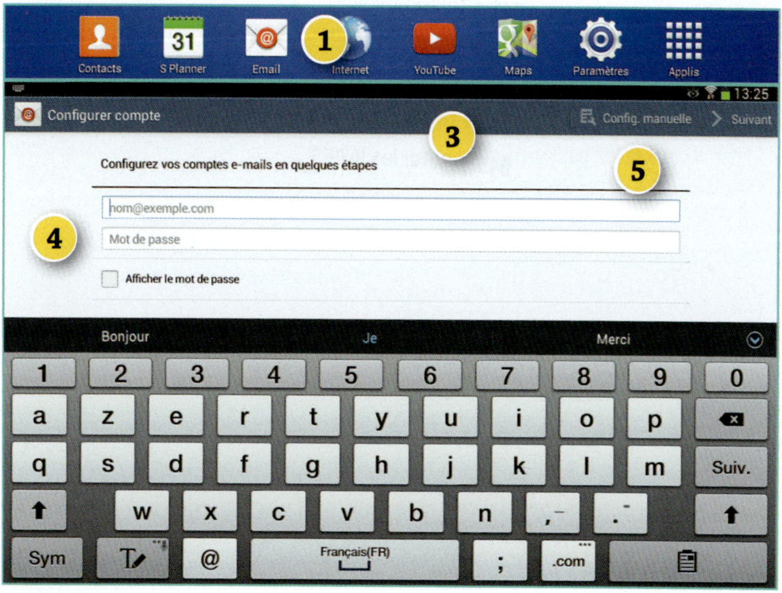

1 Appuyez sur l'icône **Email** située sur l'écran d'accueil.

2 Si vous l'avez supprimée, vous pouvez retrouver l'icône **Email** dans la liste des applications.

3 L'application **Email** est démarrée.

4 Dans le premier écran, vous devez saisir l'adresse e-mail à gérer avec **Email** ainsi que le mot de passe associé à cette adresse. Vous pouvez afficher le mot de passe en appuyant sur **Afficher le mot de passe**. Appuyez sur le bouton **Suivant**, en haut à droite, pour continuer.

5 Si la procédure de vérification et de configuration échoue, appuyez sur **Config. Manuelle** en haut à droite.

DIFFÉRENCES ENTRE POP3 ET IMAP La principale différence est qu'avec le protocole IMAP la gestion est synchronisée, c'est-à-que, si vous créez ou effacez un e-mail sur votre tablette, cela sera synchronisé sur les autres appareils ou ordinateurs avec lesquels vous accédez à ce compte.

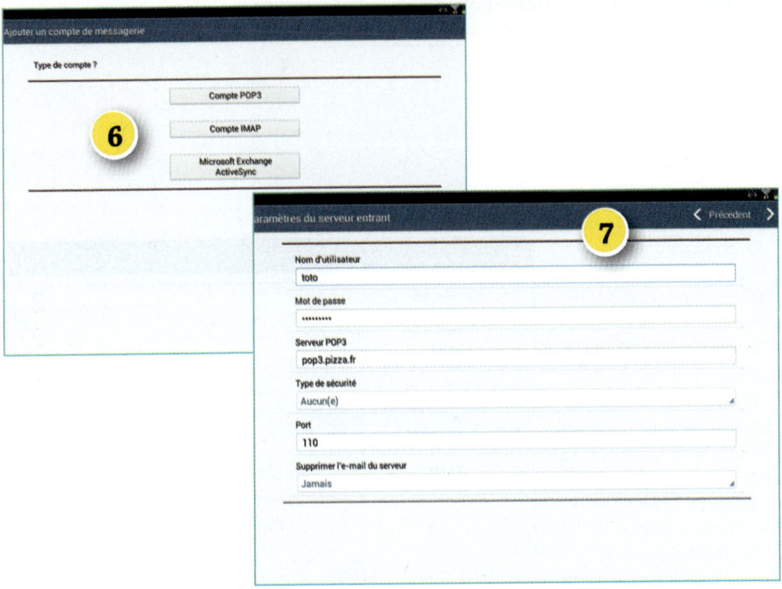

6 Généralement, les comptes e-mail pour les particuliers sont de type POP3 ou IMAP, tandis que les comptes d'entreprises sont souvent gérés *via* Microsoft Exchange ActiveSync. Pour ce dernier, rapprochez-vous du responsable informatique de votre entreprise gérant les adresses e-mail. Pour les autres, appuyez sur **POP3** ou **IMAP**, la procédure est similaire.

7 Pour un compte POP3, saisissez votre nom d'utilisateur, le mot de passe associé, l'adresse du serveur entrant et le port correspondant. Pour un serveur sécurisé, sélectionnez le type de sécurité utilisé. Appuyez sur le bouton **Suivant** en haut à droite pour continuer.

Configurer E-mail

Lors de la configuration de votre compte avec l'application E-mail, respectez bien les caractères de votre nom d'utilisateur et de mot de passe, que ce soient les chiffres, les lettres, les majuscules et les minuscules. Les erreurs viennent souvent de là.

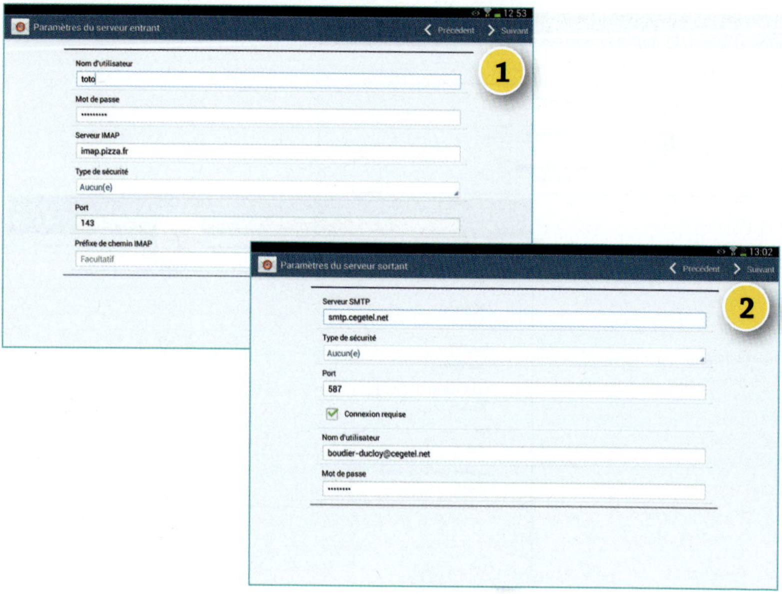

1 Pour un compte IMAP, la page de configuration est quasiment la même. Saisissez votre nom d'utilisateur, le mot de passe associé, l'adresse du serveur entrant et le port correspondant. Pour un serveur sécurisé, sélectionnez le type de sécurité utilisé. Appuyez sur le bouton **Suivant** en haut à droite pour continuer.

2 Ensuite, vous devez paramétrer le serveur sortant qui gère l'envoi des e-mails et qui utilise le protocole SMTP. Saisissez les informations nécessaires. Ici aussi, vous pouvez activer des options de sécurité si elles sont disponibles pour votre compte. Appuyez sur le bouton **Suivant** en haut à droite pour continuer.

D'AUTRES COMPTES **L'application E-mail est capable de gérer plusieurs comptes. Cela est pratique si vous utilisez personnellement ou professionnellement plusieurs adresses. Dans l'application E-mail, appuyez sur le bouton Menu puis sur Paramètres. Le bouton + Ajouter compte situé en haut vous permettra de recommencer la procédure de cette fiche pour ajouter un autre compte.**

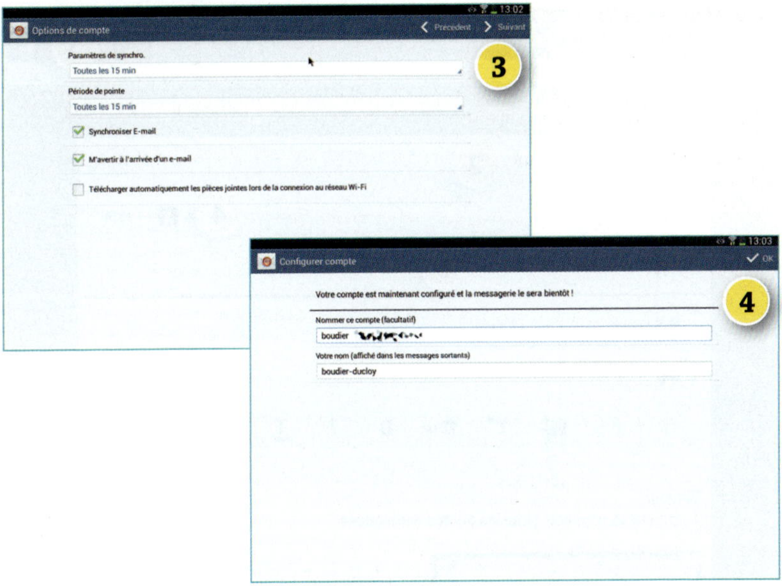

3 Après validation des paramètres, vous pouvez définir des options de gestion d'e-mails. Ainsi, vous pouvez choisir à quelle fréquence la vérification de présence de nouveaux e-mails doit être faite. Cette vérification peut être différente entre les heures pleines (heure de travail) et les heures creuses (typiquement la nuit). Vous avez les options de synchronisation des e-mails ainsi que le fait d'afficher un message d'avertissement lors de l'arrivée d'un nouvel e-mail. Appuyez sur le bouton **Suivant** en haut à droite pour continuer.

4 Pour finir, vous pouvez donner un nom à ce compte et définir aussi le nom qui sera affiché sur l'écran de vos destinataires à la réception de vos e-mails. Ce nom peut être totalement différent du vôtre ou de l'adresse e-mail. Appuyez sur le bouton **OK** en haut à droite pour finir.

Écrire et recevoir des e-mails

Maintenant que l'application E-mail est paramétrée avec un ou plusieurs comptes, vous pouvez communiquer par courrier électronique avec vos correspondants.

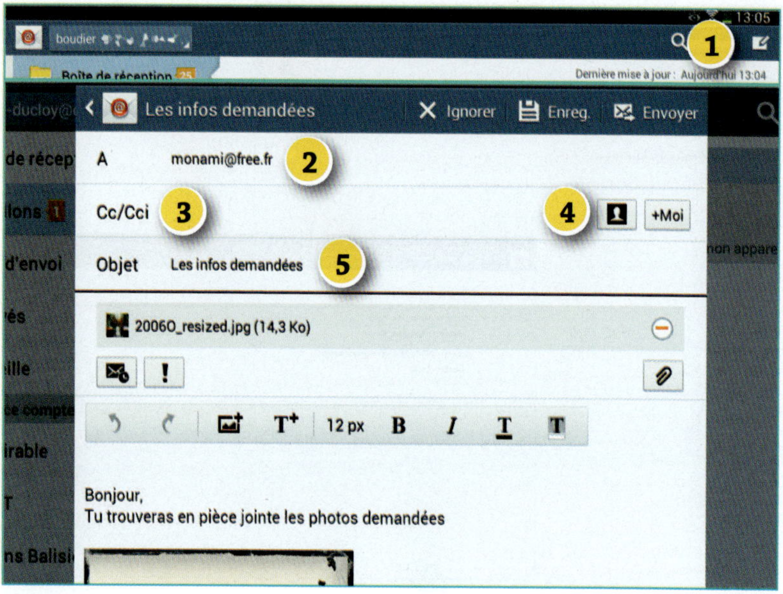

1 Dans l'écran d'accueil d'**E-mail**, appuyez en haut sur la première icône en partant de la droite, celui avec un rectangle noir et un crayon.

2 Dans le champ **A**, saisissez l'adresse e-mail du destinataire.

3 Appuyez sur **Cc/Cci** pour ajouter des destinataires en copie conforme (Cc) et copie conforme cachée (Cci).

4 L'icône avec une personne, en haut à droite, permet d'accéder à votre carnet d'adresses. Le bouton **+Moi** permet de vous ajouter en tant que destinataire dans le champ **A**, **Cc** ou **Cci**.

5 Dans le champ **Objet**, saisissez l'objet de l'e-mail.

CC ET CCI La Copie conforme (Cc) permet de mettre une personne en destinataire secondaire d'un e-mail. Le destinataire principal de l'e-mail verra la personne en copie. Avec la Copie conforme invisible (Cci), c'est le même principe, mais le destinataire principal ne verra pas le destinataire en copie.

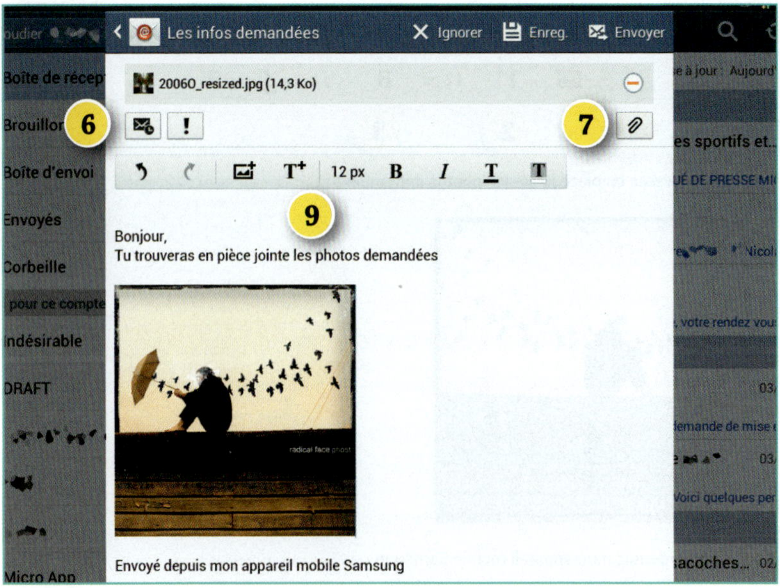

6 La première icône avec l'enveloppe et une horloge vous permet de programmer l'envoi de votre e-mail. Votre tablette doit être active et connectée pour que cette opération soit effectuée. La seconde icône permet de définir l'importance de l'e-mail.

7 L'icône avec un trombone vous permet d'ajouter un fichier ou un élément en pièce jointe à votre e-mail.

8 Pour saisir le texte de votre e-mail, appuyez dans le bas de la fenêtre au-dessus de la phrase **Envoyé depuis mon appareil mobile Samsung**. Vous pouvez supprimer cette phrase.

9 Utilisez le clavier virtuel qui s'affiche pour saisir le texte de votre e-mail. Une barre de mise en forme s'active aussi au moment de la saisie du texte.

Écrire et recevoir des e-mails

La conception d'un e-mail se fait comme la conception d'un document texte. Votre message peut être mis en forme de différentes manières à l'aide des outils disponibles.

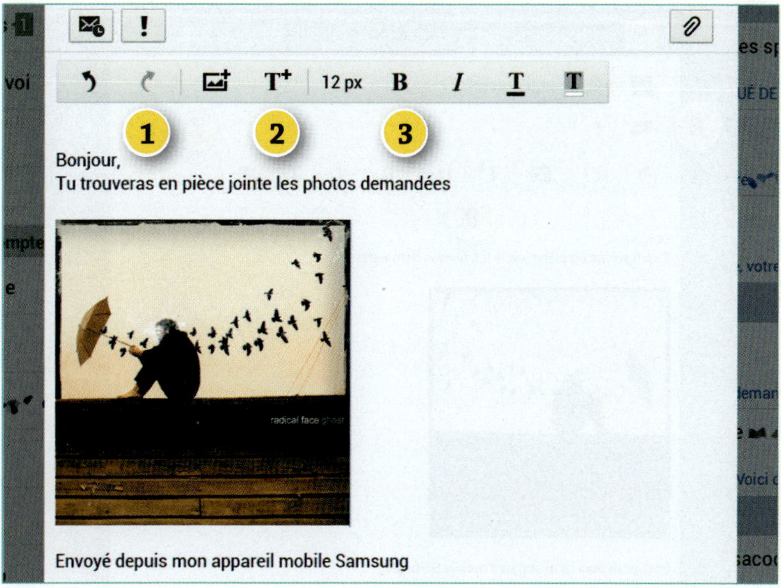

1 Les deux flèches à gauche permettent, respectivement, d'annuler la dernière action et de reproduire la dernière action annulée. Le troisième bouton, celui avec un cadre contenant un paysage et un signe **+**, permet d'ajouter un élément dans le corps du texte et non en tant que pièce jointe.

2 Le bouton avec un **T** et le signe **+** permet d'insérer dans votre texte des formulations de texte prédéfinies.

3 Les boutons suivants permettent respectivement de choisir la taille pour le texte, de mettre en gras, italique ou souligné, de choisir la couleur du texte ou de choisir la couleur d'arrière-plan du texte.

DURÉE D'ENVOI Lorsque vous cliquez sur le bouton Envoyer, votre e-mail n'est pas transmis immédiatement. Cela peut prendre quelques secondes pour un e-mail simple à quelques minutes si vous avez placé plusieurs images. Et la vitesse de votre connexion Internet influence aussi la durée de l'envoi.

4 Pour finir, appuyez sur le bouton **Envoyer** en haut à droite. Si vous devez interrompre sa rédaction, appuyez sur le bouton **Enreg** pour le sauvegarder dans le dossier **Brouillons**. Il vous suffira d'appuyer dessus dans ce dossier pour l'ouvrir et continuer sa rédaction.

5 Pour vérifier l'arrivée de nouveaux e-mails, appuyez en haut sur le deuxième bouton en partant de la droite. Ils arriveront dans le dossier **Boîte de réception**. La date et l'heure du dernier relevé sont indiquées en dessous.

Utiliser Gmail

Si sur votre ordinateur vous utilisez une adresse e-mail Google avec le service Gmail (Google Mail), vous pouvez aussi la gérer directement sur votre tablette avec l'application Gmail. Vous devez avoir un compte Google pour utiliser Gmail. Reportez-vous au premier chapitre pour cela.

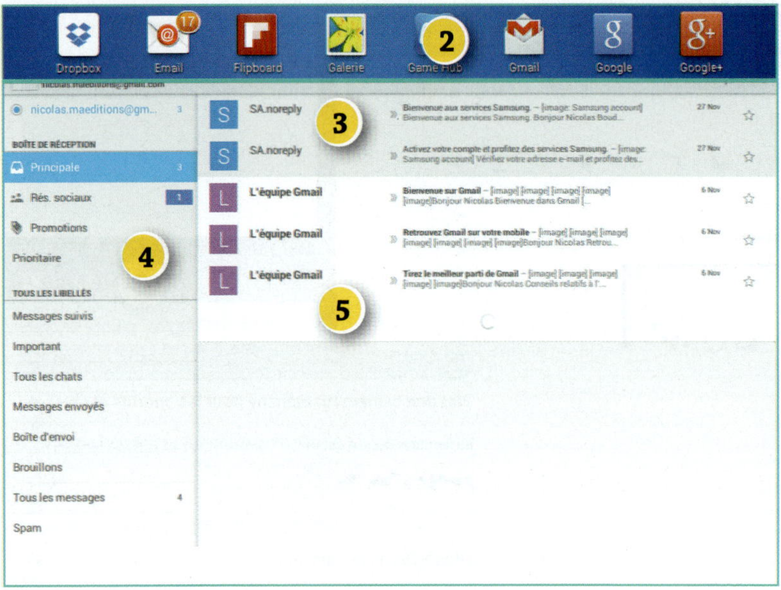

1 Appuyez sur l'icône d'accès aux applications.

2 Dans la liste des applications, appuyez sur l'icône **Gmail**.

3 La page d'accueil de l'application Gmail est affichée.

4 Dans la colonne de gauche sont affichés les différents dossiers avec, pour chaque, le nombre de messages non lus qu'ils contiennent.

5 La partie de droite affiche la liste des e-mails du dossier choisi. Ceux dont le texte est en gras sur fond blanc sont les e-mails non lus, ceux avec le texte gris foncé sur fond gris sont les e-mails lus.

UN SEUL COMPTE **Contrairement à l'application E-mail, l'application Gmail ne peut pas gérer plusieurs comptes. Le seul compte géré est celui créé au démarrage de la tablette ou au premier accès au Google Play Store.**

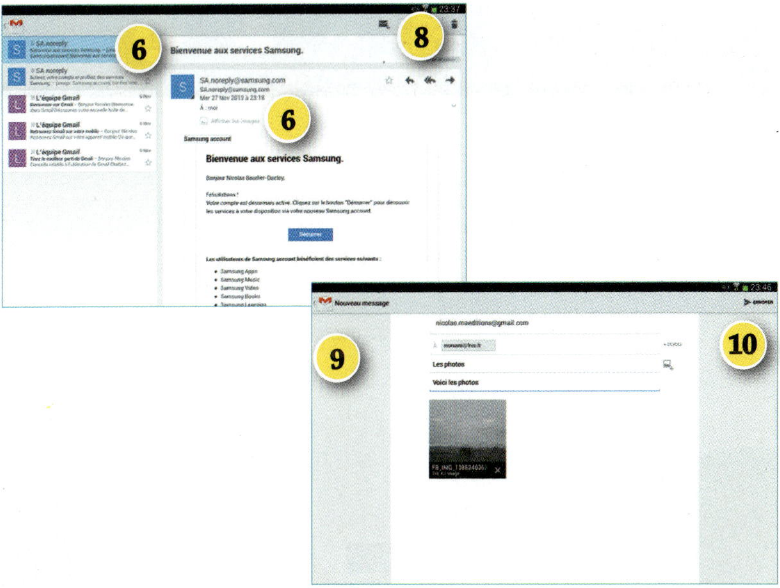

6 Pour lire un e-mail, appuyez dessus. La liste des e-mails bascule vers la colonne de gauche, et la colonne de droite affiche le contenu de l'e-mail. Si les images de l'e-mail ne sont pas affichées par défaut, appuyez sur **Afficher les images** pour les télécharger et les afficher.

7 Pour revenir à l'écran d'accueil, appuyez sur le bouton retour.

8 Pour écrire un e-mail, appuyez sur le bouton avec l'enveloppe et le signe **+** en haut à droite.

9 La fenêtre qui s'affiche vous propose les mêmes choix que l'application **Email** de la fiche 39.

10 Après avoir écrit votre e-mail, appuyez sur le bouton **Envoyer** en haut à droite.

Utiliser Google+

Google+ est le réseau social créé par Google en grande concurrence avec Facebook. Une application Google+ est installée sur votre tablette pour vous permettre de participer à ce réseau. Comme pour Gmail, vous devez avoir un compte Google pour utiliser Google+.

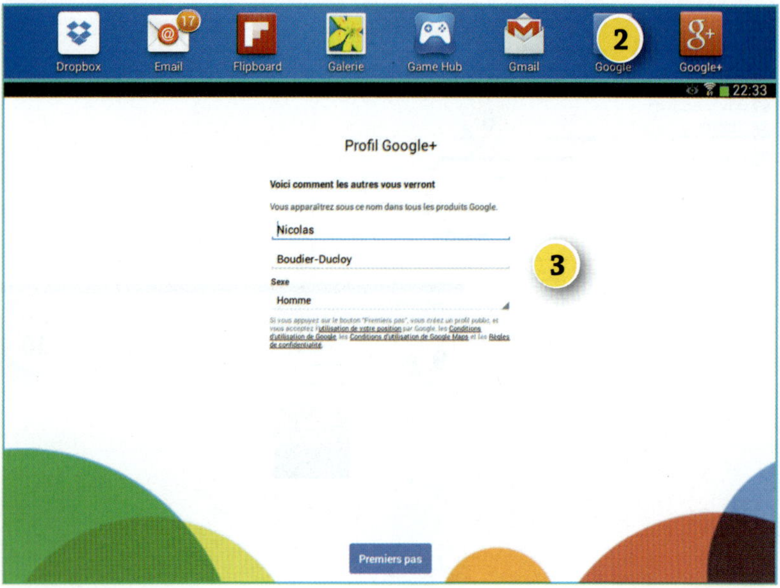

1 Appuyez sur l'icône d'accès aux applications.

2 Dans la liste des applications, appuyez sur l'icône **Google+**.

3 Suivez la procédure de création de votre compte Google+. Elle est simple et se fait en quelques étapes.

L'UN ET L'AUTRE Lorsque vous voulez partager des informations vers Internet et vers les réseaux sociaux Google+ et Facebook, vous devez le faire manuellement sur les deux. Il n'y a pas d'interaction entre les deux réseaux sociaux concurrents.

4 La page d'accueil de Google+ est affichée. Pour communiquer, vous devez ajouter des contacts. Appuyez sur l'icône en haut à droite avec la silhouette de deux personnes.

5 Dans la fenêtre qui s'affiche, appuyez sur **Rechercher des contacts**.

6 Saisissez le prénom et/ou le nom d'une personne ou d'une société dans le champ de recherche en haut.

7 Les résultats s'affichent immédiatement.

8 S'il s'agit d'une page d'une société, appuyez sur **Suivre**. S'il s'agit d'une personne, appuyez sur **Ajouter**.

Utiliser Google+

Google+ présente l'avantage de s'interconnecter avec beaucoup de produits Google tels que YouTube ou Gmail. De ces applications il est possible de partager directement l'information vers Google+.

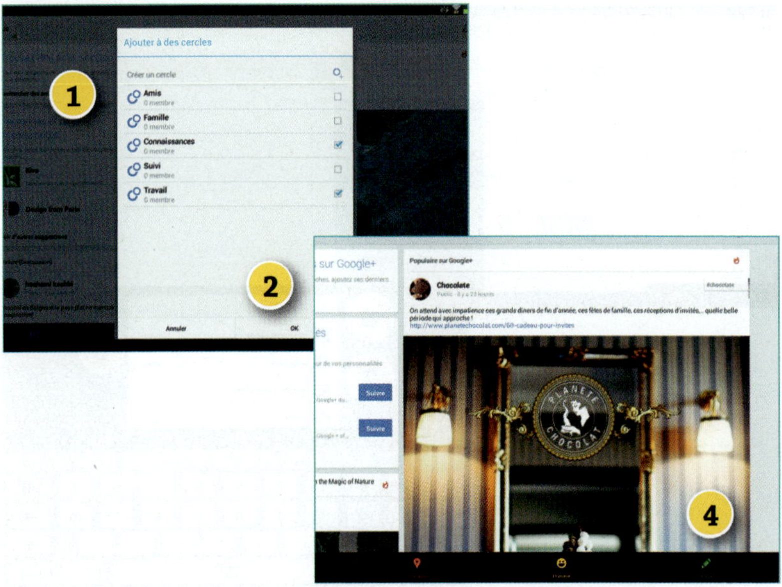

1 Après l'ajout d'un contact, vous devez choisir à quel cercle l'ajouter. Les cercles sont des listes personnalisées regroupant les contacts de votre choix. Sélectionnez un des cercles prédéfinis ou appuyez sur **Créer un cercle** pour en créer un personnalisé. Un contact peut appartenir à plusieurs cercles.

2 Appuyez sur **OK** pour continuer.

3 Après l'ajout aux cercles, vous revenez sur l'écran de recherche. Cela vous permet d'ajouter de nouveaux contacts. Appuyez sur la touche **Retour** deux fois pour revenir à l'écran d'accueil de Google+.

4 Maintenant que vous avez des contacts, vous pouvez publier des messages qu'ils verront s'afficher. Appuyez sur le bouton **Rédiger**, en bas à droite.

041

LES CERCLES Les cercles sont des groupes de contacts. Cela vous permet d'organiser votre liste de contact en plusieurs listes comme Travail, Amis, Vacances, etc. Un contact peut faire partie de plusieurs cercles.

5 La fenêtre de rédaction est affichée. Appuyez sur cette flèche pour choisir avec qui partager ce message.

6 Saisissez votre message dans cette zone.

7 Appuyez ici pour ajouter l'emplacement de rédaction du message.

8 Vous pouvez ajouter d'autres éléments à votre message en appuyant sur **Photo**, **Lien** ou **Humeur**.

9 Appuyez sur **Partager**, en haut à droite, pour publier votre message.

Utiliser Facebook

Facebook est aussi présent sur les tablettes. En revanche, l'application n'est pas installée par défaut sur votre Tab 3. Passez par le Google Play Store pour l'installer et vous connecter.

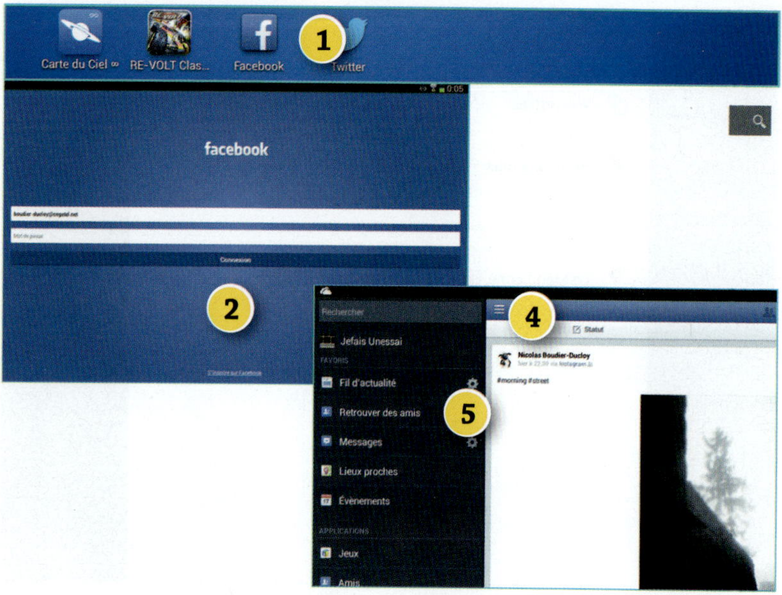

1 Après l'installation, appuyez sur l'icône d'accès aux applications et appuyez sur l'icône **Facebook**.

2 Sur la page d'accueil de Facebook, si vous avez déjà un compte, saisissez l'adresse e-mail du compte et le mot de passe associé. Si vous n'avez pas de compte, appuyez, en bas, sur le lien **S'inscrire sur Facebook**.

3 Le navigateur Internet de votre tablette est démarré. Suivez la procédure et revenez vers l'application après l'inscription.

4 Pour ajouter des contacts, appuyez sur le bouton **Menu** de l'application **Facebook**, en haut à gauche.

5 Dans la barre latérale, appuyez sur **Retrouver des amis.**

BEAUCOUP D'AMIS **Votre liste d'amis peut contenir plusieurs dizaines, plusieurs centaines d'amis, voire plus. Cependant, faites attention, car certaines personnes sont peu scrupuleuses et ne cherchent qu'à récupérer des informations sur vous.**

6 Une liste de contacts vous est proposée. Appuyez sur le bouton **+** à droite du nom du contact pour lui envoyer une demande d'invitation.

7 Pour effectuer une recherche, appuyez sur le bouton **Recherche**.

8 Dans le champ de recherche, saisissez le nom de la personne recherchée ou son adresse e-mail.

9 Appuyez sur le bouton **Recherche** à droite du champ de recherche.

10 Les résultats sont affichés sous le champ de recherche.

11 Appuyez sur le bouton **+** à droite du nom du contact pour lui envoyer une demande d'invitation.

Utiliser Facebook

La principale fonction de Facebook est de partager des informations avec vos contacts. Ces messages peuvent contenir du texte, des images, le lieu d'où vous expédier votre message ou encore votre humeur du moment.

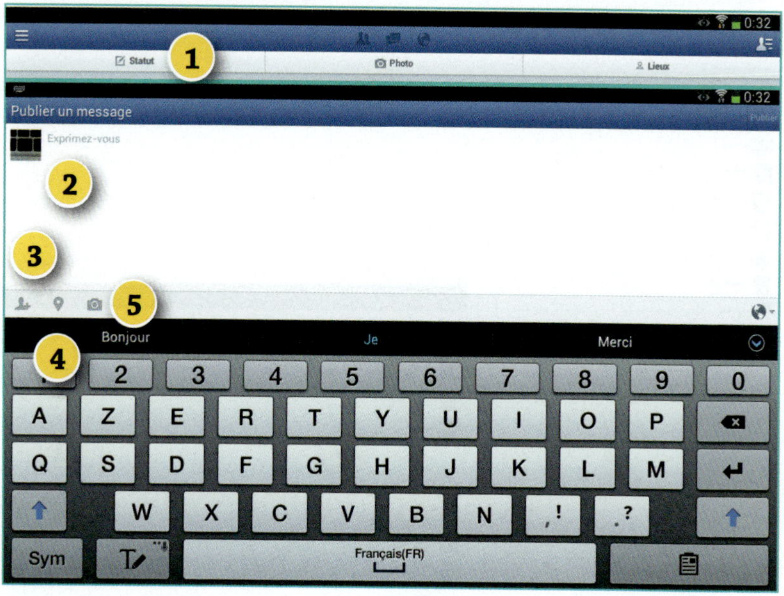

1 Pour publier un message sur votre mur Facebook, appuyez sur **Statut** sur l'écran d'accueil de Facebook.

2 La fenêtre de saisie de message est affichée. Appuyez sur la zone **Exprimez-vous** pour faire apparaître le clavier virtuel et saisir votre message.

3 En appuyant sur la première icône en bas à gauche, vous pouvez indiquer le nom de contact dans votre message.

4 En appuyant sur le second, vous pouvez ajouter un lieu à votre message.

5 Pour ajouter une ou plusieurs photos dans votre message, appuyez sur l'icône avec un appareil photo.

À PARTIR D'AUTRES SITES **Le partage d'information peut se faire aussi à partir d'autres sites. Vous trouverez sur ces sites des boutons Partager ou Share et contenant le logo Facebook. Des boutons J'aime ou Like vous permettent d'indiquer rapidement que vous aimez la page Internet que vous visitez.**

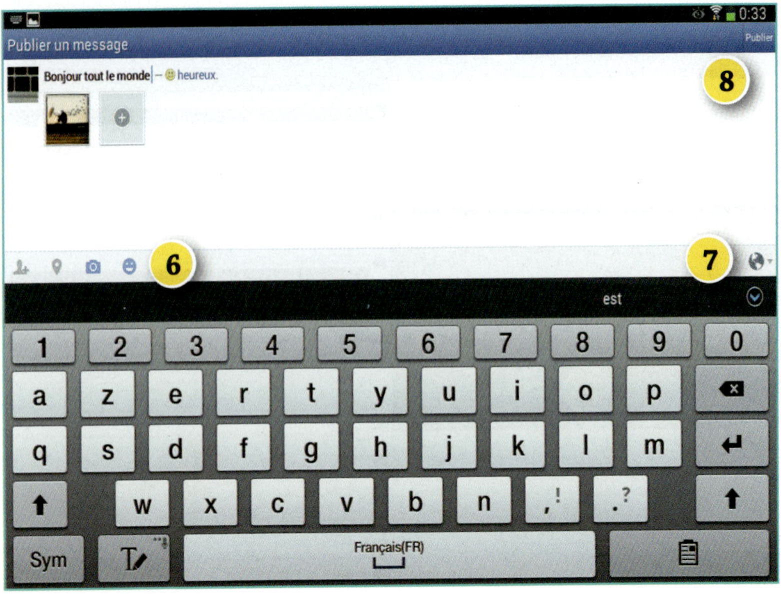

6 Le bouton avec un smiley vous permet d'ajouter une humeur ou une activité que vous êtes en train de faire.

7 Le bouton à droite avec la mappemonde vous permet de définir qui pourra voir votre publication. Cela peut être seulement tout le monde, vos amis Facebook ou un choix d'amis.

8 Appuyez sur le bouton **Publier**, en haut à droite, pour que votre message soit placé sur votre mur Facebook.

Utiliser Twitter

Twitter vous permet de vous exprimer sur Internet à l'aide de tweets. Ce sont des messages ne pouvant dépasser 140 caractères, ponctuation et espace comprise. Vous pouvez y inclure des photos, des vidéos et des liens. Vous devez installer cette application gratuite pour l'utiliser.

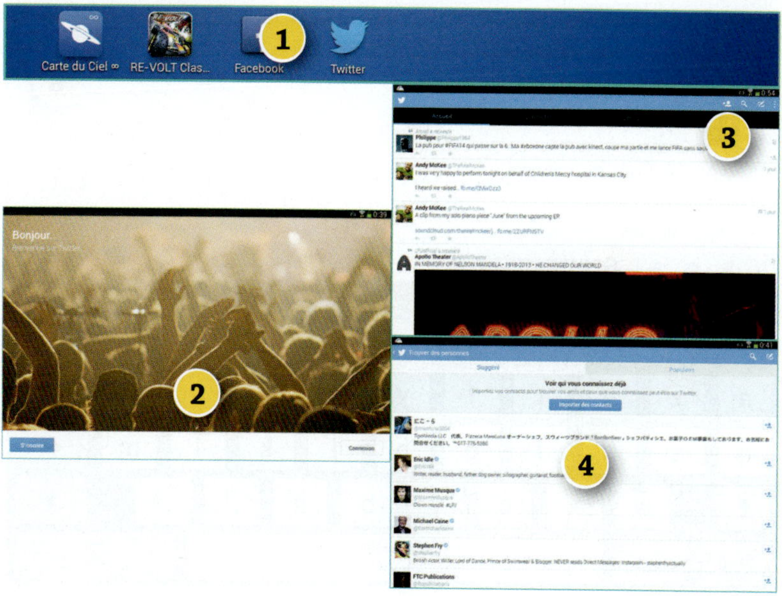

1 Après l'installation, appuyez sur l'icône d'accès aux applications et appuyez sur l'icône **Twitter**.

2 Sur le premier écran de Twitter, si vous avez déjà un compte, appuyez sur **Connexion** pour saisir l'e-mail du compte et le mot de passe associé. Si vous n'avez pas de compte, appuyez sur le lien **S'inscrire**. Suivez la procédure pour vous inscrire.

3 Sur la page d'accueil de Twitter, pour vous abonner à un compte, pour suivre et recevoir ses tweets, appuyez sur l'icône avec une personne et le signe **+**.

4 Une liste de comptes est suggérée.

PARTAGE SUR FACEBOOK **Une option dans Twitter permet de partager automatiquement vos tweets sur votre compte Facebook. Par contre, cela n'est pas possible avec votre compte Google+.**

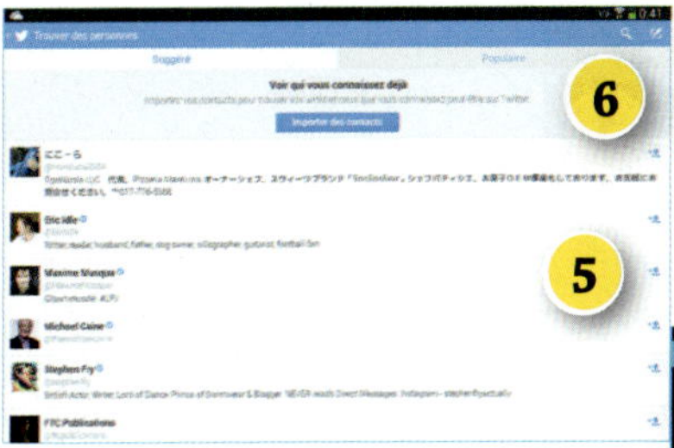

5 Vous pouvez appuyer directement sur le bouton à droite du nom pour suivre ce compte.

6 Pour effectuer une recherche, appuyez sur la loupe en haut à droite.

7 Le champ de recherche est activé. À l'aide du clavier virtuel, saisissez le nom du compte recherché.

8 Les résultats de la recherche sont affichés sous le champ de recherche. Appuyez sur le nom de votre choix pour accéder à la fiche du compte.

9 Sur la fiche, vous retrouvez le bouton pour suivre le compte.

Utiliser Twitter

La rédaction d'un tweet peut se révéler un exercice difficile avec la limitation de 140 caractères. Soyez bref et concis, et il n'est pas interdit d'utiliser les abréviations. Et, si le message est trop long, faites-le en deux tweets.

1 Pour écrire un tweet, appuyez sur l'icône avec une plume en haut à droite.

2 La fenêtre de rédaction est affichée ainsi que le clavier virtuel. Saisissez votre texte.

3 Pour insérer une photo déjà présente sur votre tablette, appuyez sur cette icône.

4 Pour prendre une photo et l'insérer directement dans votre tweet, appuyez sur cette icône.

5 Pour ajouter un lien à votre tweet, appuyez sur cette icône.

RÉDUCTION D'URL Si vous devez partager un lien *via* Twitter, cela risque de prendre beaucoup de caractères sur les 140 autorisés. Vous pouvez réduire l'adresse du site avec des services tels que www.bit.ly **ou** www.goo.gl **qui feront le lien vers l'adresse réelle, mais avec moins de caractères.**

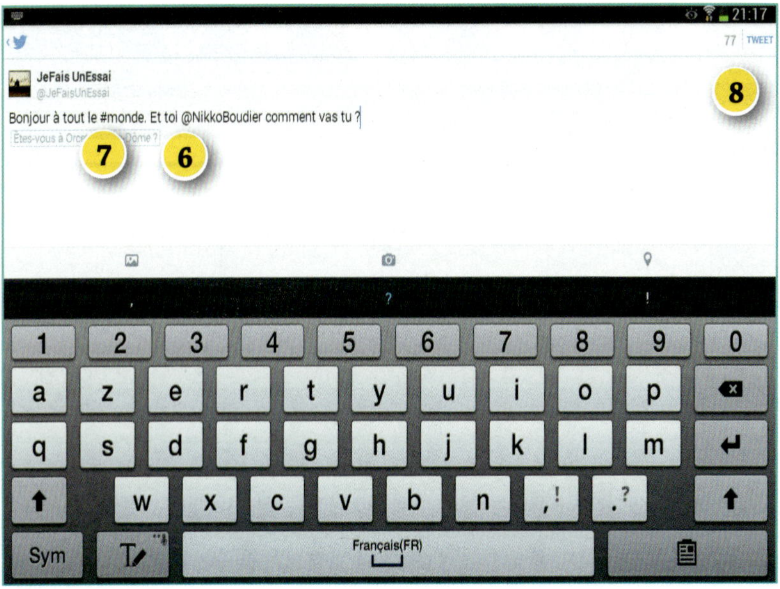

6 Vous pouvez interagir avec d'autres comptes dans votre tweet. Avec le caractère @ suivi du nom du compte, le tweet sera adressé au destinataire et les abonnés de ce compte verront votre tweet. Lors de la saisie du caractère @ et du nom du compte, une liste de comptes est proposée automatiquement.

7 Avec le caractère # (mot-dièse) suivi d'un mot ou d'une expression sans espace, vous pouvez créer un canal de discussion ou vous y adresser. Si d'autres personnes utilisent le même mot-dièse, vous pourrez interagir.

8 Appuyez sur **Tweet** en haut à droite pour publier votre tweet.

Utiliser le navigateur Internet

Votre tablette est aussi livrée avec un navigateur qui vous permet de naviguer sur Internet. Il suffit que vous ayez une connexion à Internet pour que vous puissiez surfer sur Internet.

1 Sur l'écran d'accueil, appuyez sur l'icône **Internet**.

2 Si vous l'avez supprimée, vous pouvez retrouver l'icône **Internet** dans la liste des applications.

3 La page d'accueil de l'application **Internet** est affichée.

4 Pour accéder à un site, appuyez sur la barre d'adresse.

5 À l'aide du clavier virtuel, saisissez l'adresse du site de votre choix puis appuyez sur la touche **Aller à**.

6 La barre d'adresse est aussi une barre de recherche. Saisissez le mot ou l'expression recherché puis appuyez sur la touche **Aller à**.

D'AUTRES NAVIGATEURS Il existe d'autres navigateurs pour les systèmes Android tels que Google Chrome, Mozilla Firefox, OpéraMini, Dolphin ou encore Next Browser. Ils sont tous gratuits et disponibles dans le Play Store.

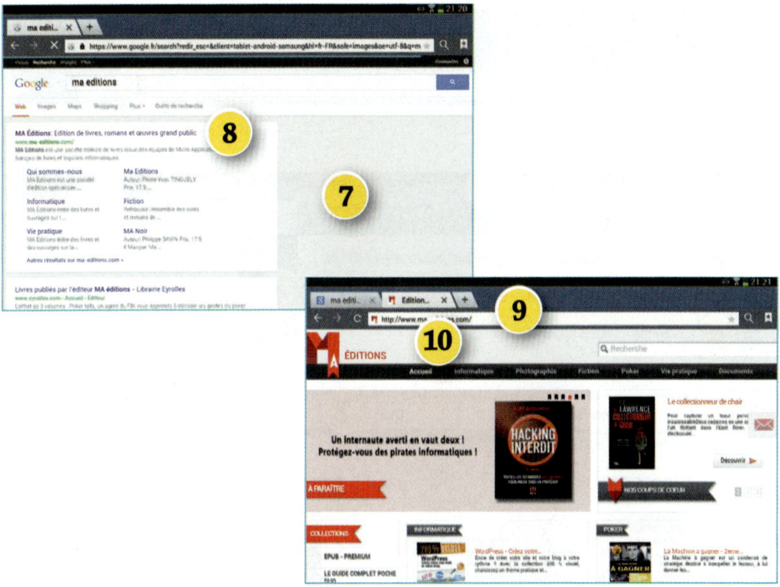

7 Les résultats produits par Google sont affichés.

8 Appuyez sur le résultat de votre choix pour accéder au site correspondant.

9 Appuyez sur le signe + dans la barre d'onglets pour créer un nouvel onglet. Cela vous permet de démarrer une nouvelle navigation sans fermer la page actuelle.

10 Lorsque vous avez plusieurs onglets ouverts, appuyez sur la croix à droite du nom de l'onglet pour le fermer.

Gérer les favoris

Si vous visitez souvent les mêmes sites Internet avec votre tablette, inutile de saisir leur adresse à chaque fois. Vous pouvez enregistrer l'adresse du site, ou d'une page d'un site, puis l'appeler quand vous voulez. Ce sont les Favoris.

1 Démarrez l'application Internet et accédez au site ou à la page du site de votre choix et appuyez à droite du champ d'adresse sur l'étoile.

2 La fenêtre de création du favori est affichée.

3 Par défaut, le nom du favori reprend celui de la page. Vous pouvez le modifier avec le champ **Nom**.

4 Le champ **Adresse** reprend l'adresse de la page.

5 La liste **Compte** vous permet de choisir le compte de sauvegarde de votre favori.

6 La liste **Dossier** vous permet de choisir un dossier de sauvegarde pour organiser vos favoris.

7 Appuyez sur **OK** pour finir.

COMPTE DE SAUVEGARDE **Si vous choisissez de sauvegarder vos favoris avec le compte Google, ils seront disponibles sur les autres appareils avec lesquels vous utilisez le même compte Google. Il en va de même avec le compte Samsung.**

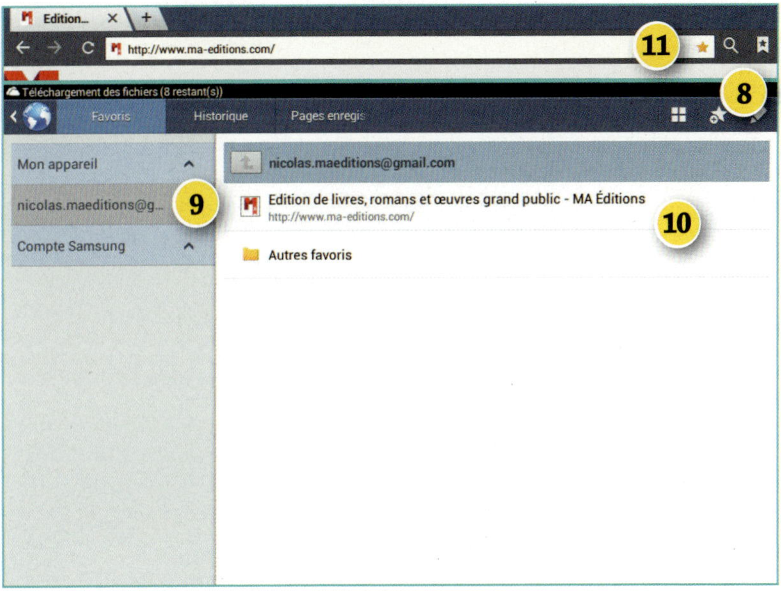

8 Pour rappeler un site favori, appuyez sur cette icône complètement à droite de la barre d'adresse.

9 Dans la colonne de gauche, sélectionnez le compte avec lequel le favori est sauvegardé.

10 Les favoris du compte sont affichés à droite. Appuyez sur celui de votre choix pour accéder au site correspondant.

11 Si vous accédez à un site déjà sauvegardé en tant que favori, l'étoile à droite de l'adresse du site est jaune. Appuyez sur l'étoile jaune pour supprimer le favori. Une confirmation de suppression vous sera demandée.

CHAPITRE 8

046 • Tour du propriétaire
047 • Premier démarrage
048 • Découvrir le stylet
049 • Découvrir Air Command
050 • Utiliser Action Memo
051 • Utiliser Album
052 • Utiliser Capture
053 • Utiliser S Finder
054 • Utiliser les applications flottantes
055 • Créer des notes évoluées
056 • Gérer le multiécran

DÉBALLER ET DÉMARRER LA NOTE 3

Tour du propriétaire

Votre Note 3 est sortie de son emballage mais, avant de la démarrer, faites-en le tour pour découvrir les différents boutons et éléments qui l'ornent.

1 La grille au-dessus du logo Samsung est l'écouteur.

2 Les deux ronds situés juste à droite de l'écouteur sont le capteur de proximité et le capteur de mouvement.

3 Complètement à droite est situé l'objectif de l'appareil photo/caméra frontal.

4 En bas, au milieu, est placée la touche **Accueil**.

5 À gauche de la touche **Accueil** est située la touche **Menu**, qui s'illumine lorsqu'on la touche.

6 À droite de la touche **Accueil** est située la touche **Retour**, qui s'illumine lorsqu'on la touche.

7 Au centre, l'écran tactile.

TÉMOIN LUMINEUX Très discret, un témoin lumineux est placé en haut à gauche de l'écouteur. Celui-ci peut prendre différentes teintes en fonction de l'activité, appel manqué, chargement, etc.

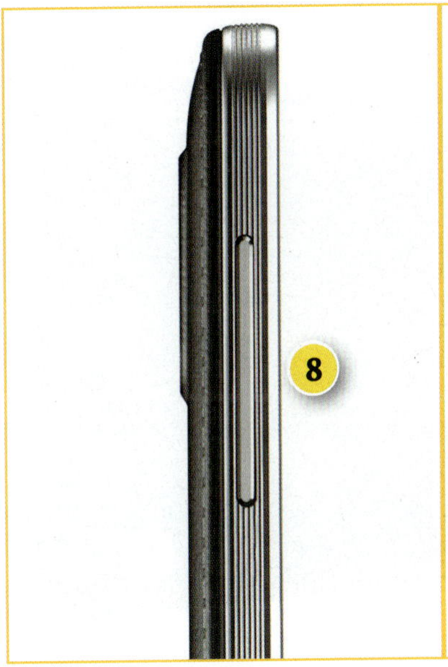

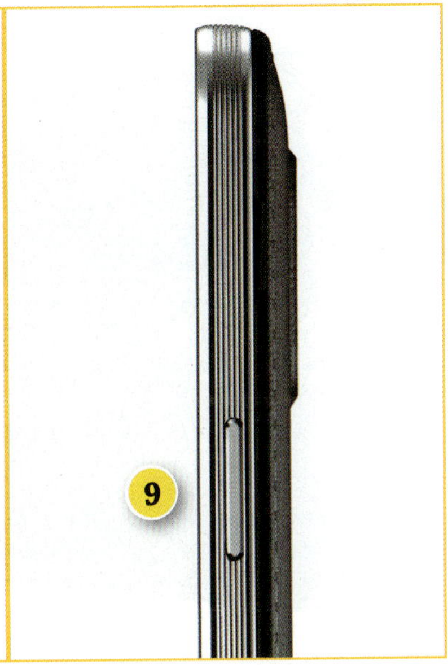

8 Sur la tranche gauche se situe le bouton de contrôle du volume. Un appui vers le bas diminue le volume, un appui vers le haut l'augmente.

9 Sur la tranche droite se situe le bouton **Marche/Arrêt/Mise en veille**.

Tour du propriétaire

Il y a des éléments sur toutes les faces de votre Note 3. Appareil photo, boutons, prise audio, S Pen, etc. Faites bien le tour pour tous les découvrir et ne pas perdre de temps à les chercher au moment de vous en servir.

1 Sur la tranche supérieure est placée la prise audio 3,5 mm.

2 À droite de la prise audio est placé le microphone lorsque le haut-parleur est activé.

3 Complètement à droite est situé un témoin lumineux.

4 Sur la tranche inférieure est situé au centre le connecteur multifonction (alimentation, connexion à ordinateur).

5 À gauche du connecteur se situe le microphone.

6 À droite du connecteur se situe le haut-parleur.

7 Complètement à droite est logé le stylet S Pen.

AVEC PRÉCAUTION Manipulez le S Pen avec précaution. Comme un vrai stylo, si vous le faites tomber, il peut se casser. De même, inutile d'appuyer fortement ou de taper fortement l'écran de votre Note 3 avec le S Pen. Si la mine est brisée ou usée, d'autres sont fournies et vous pouvez la remplacer.

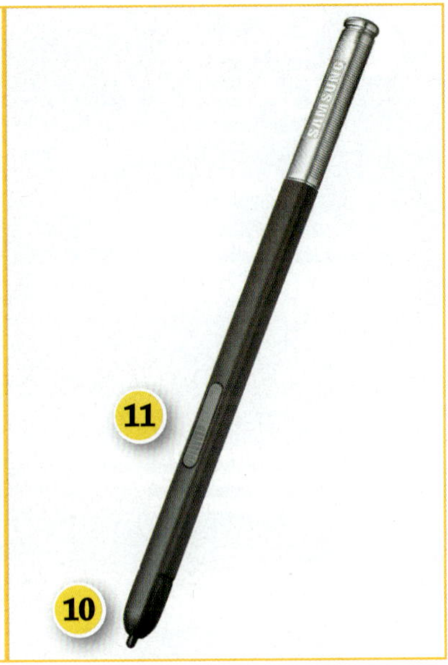

8 Au dos est placé le capteur de l'appareil photo/caméra dorsal.

9 Sous le capteur est placé le flash.

10 La pointe du S Pen permet d'exécuter les fonctions de base.

11 Le bouton sur le S Pen permet d'accéder aux fonctions avancées.

Premier démarrage

Comme pour la tablette Tab 3, le premier démarrage de votre Note 3 nécessite quelques minutes pour suivre une procédure. Celle-ci ressemble à celle de la Tab 3, ce qui est normal, car c'est le même système qui anime les deux appareils. Consultez le chapitre 1 pour avoir les détails de la procédure.

1 Le premier écran vous permet de choisir la langue et d'utiliser les fonctions d'accessibilités si vous êtes déficient visuel et/ou auditif.

2 Durant la procédure, si vous êtes à proximité d'un ou de plusieurs réseaux Wi-Fi, ceux détectés sont affichés et vous pouvez vous y connecter de suite. Cela permet, après le premier démarrage, d'effectuer immédiatement les premières mises à jour de logiciels.

TOUT COMME POUR LE GALAXY TAB 3 La procédure est vraiment la même avec la possibilité de connecter ou de créer des comptes Google et Samsung pour accéder aux boutiques correspondantes. Reportez-vous aux chapitres 1 et 6 pour les comptes Google et Samsung.

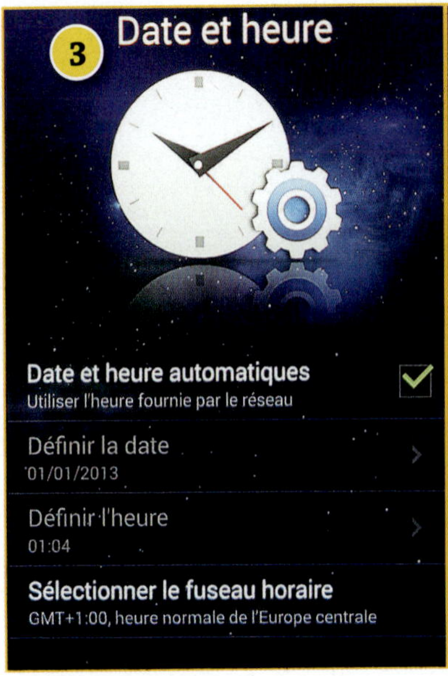

3 Vous pouvez utiliser la date et l'heure fournies par le réseau téléphonique de votre opérateur ou les définir manuellement.

4 À la fin du premier démarrage, donnez un nom à votre Note 3, ce qui permettra de l'identifier plus facilement sur d'autres appareils avec lesquels votre Note 3 pourra interagir.

Découvrir le stylet

Le stylet de votre Note 3 se nomme S Pen et vous permet de réaliser plusieurs opérations en fonction des applications. Avant de vous en servir, vous devez le sortir de son logement.

1 Pour sortir le S Pen, accrochez avec un ongle la rainure du bout du stylet dans son logement et tirez vers l'extérieur.

2 Par défaut, une vibration accompagne la sortie du S Pen.

3 Simultanément, un message est affiché en haut de l'écran, dans la zone de notification, indiquant que le S Pen est détaché.

4 Et toujours en même temps, le menu Air Command est affiché en bas à droite de l'écran. Son fonctionnement est expliqué plus loin dans ce chapitre.

PAS INDISPENSABLE, MAIS... Le S Pen n'est pas indispensable pour la plupart des fonctions de votre Note 3, mais certaines actions ne seront pas possibles sans lui. Il est donc important d'en prendre soin d'autant plus qu'il est en plastique.

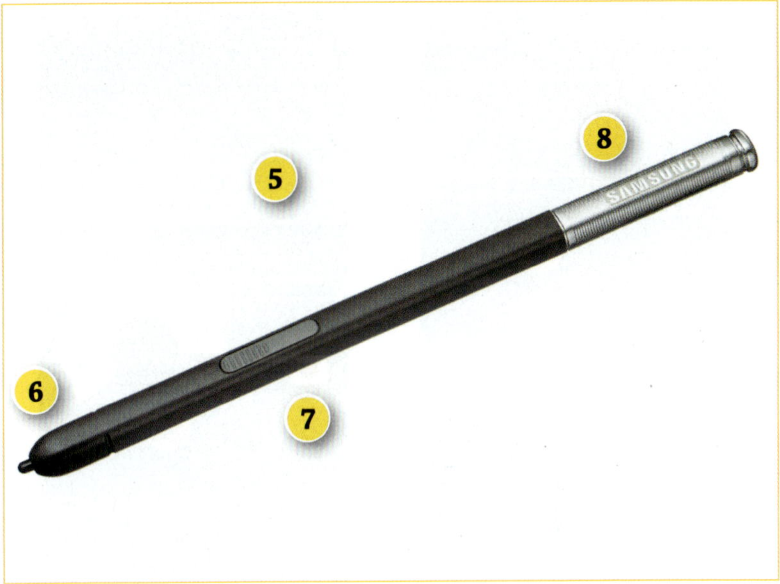

5 Le S Pen dispose d'une pointe active et d'un bouton.

6 Vous pouvez utiliser la pointe en remplacement de votre doigt pour appuyer sur l'écran, écrire et dessiner.

7 Le bouton permet, par défaut, d'ouvrir ou de fermer le menu Air Command. Vous devez approcher le S Pen de l'écran pour que le bouton soit actif.

8 Après vous être servi du S Pen, rangez-le dans son logement. Il peut se ranger avec le logo Samsung au-dessus ou en dessous. Si le menu Air Command est actif, il est automatiquement fermé. Enfin, une vibration accompagne le rangement du S Pen.

Découvrir Air Command

Air Command est une fonction de la Note 3 associé au S Pen et qui ne peut être activée que par lui. Air Command permet d'accéder à cinq programmes spéciaux.

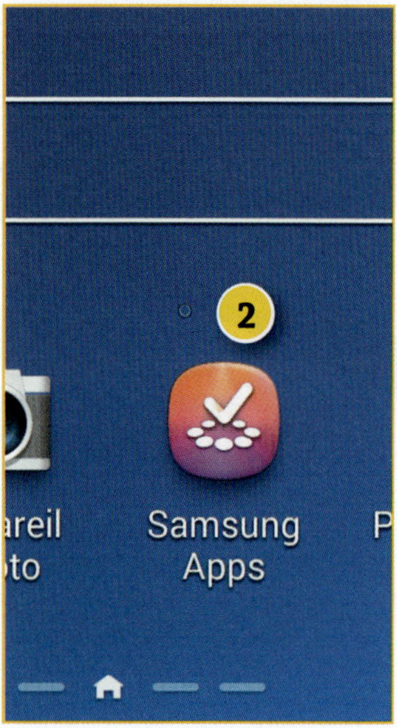

1 Sortez le S Pen de son emplacement pour démarrer automatiquement Air Command.

2 Si le S Pen était déjà sorti, approchez de l'écran jusqu'à ce qu'un point apparaisse sur l'écran. Inutile de toucher l'écran.

3 Appuyez sur le bouton du S Pen pour démarrer Air Command.

4 Air Command est affiché.

5 Vous avez accès à cinq fonctions. De gauche à droite : **Action Memo**, **Album**, **Capture**, **S Finder** et **Applis Flottantes**.

NON MODIFIABLE Il n'est pas possible d'ajouter ou de supprimer des programmes dans la liste établie d'Air Command.

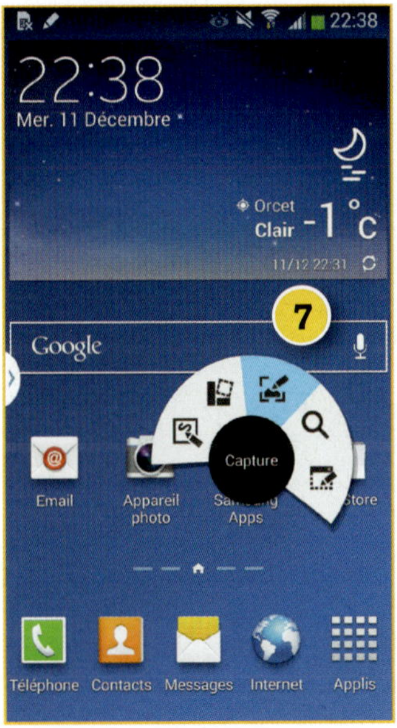

6 Pour en sélectionner une, placez le S Pen au-dessus sans appuyer.

7 Pour démarrer une fonction, appuyez dessus avec S Pen ou un doigt. Ces fonctions sont expliquées dans les fiches suivantes.

Utiliser Action Memo

Comme son nom l'indique, Action Memo permet de prendre rapidement des notes, des mémos en écrivant directement avec le S Pen comme avec un vrai stylo.

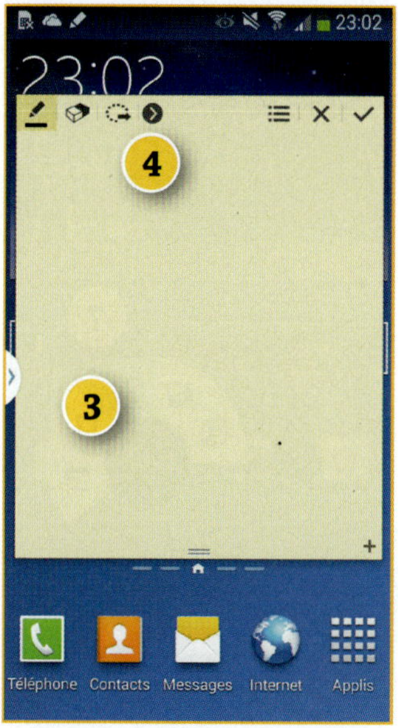

1 Démarrez Air Command en vous reportant à la fiche 45.

2 Appuyez sur **Action Memo**.

3 L'écran d'**Action Memo** est démarré. Il représente une feuille d'un bloc-notes.

4 Appuyez sur la flèche pour afficher tous les outils.

5 La barre du haut contient les différents outils. Le premier, à gauche, est le crayon. En appuyant dessus, vous pouvez en choisir la couleur.

6 Le second est la gomme et permet d'effacer les éléments écrits. Appuyer dessus permet d'accéder à la fonction **Tout effacer**.

7 L'ovale en pointillé permet de sélectionner un élément écrit.

DÉMARRAGE RAPIDE Vous pouvez démarrer rapidement Action Memo si le S Pen est déjà sorti. Appuyez sur le bouton du S Pen et appuyez deux fois rapidement n'importe où sur l'écran, même sur un widget ou une icône. Action Memo est automatiquement démarré.

8 La sélection d'un élément entraîne l'apparition d'une barre d'action. En fonction de l'élément, appuyez sur la fonction de votre choix. Par exemple, s'il s'agit d'un numéro de téléphone, la fonction téléphonie de votre Note 3 sera directement activée avec le numéro de téléphone présaisi.

9 Le carré avec la palette permet de choisir la couleur de la note.

10 Appuyez ici pour réduire **Action Memo** sous forme d'icône.

11 Cette icône permet d'accéder à la liste des mémos.

12 Cette icône permet de supprimer la note courante.

13 Cette icône permet de sauvegarder la note courante dans la liste des mémos.

Utiliser Album

L'Album vous permet de collecter sous forme d'images les éléments affichés sur votre écran. Cela peut être un instant d'une vidéo, une carte affichée à l'écran, un article de presse, etc.

1 Affichez à l'écran ce que vous voulez enregistrer dans l'Album.

2 Démarrez **Air Command** en vous reportant à la fiche 45.

3 Appuyez sur **Album**.

4 En positionnant le S Pen au-dessus de l'écran, l'icône de l'outil de l'**Album** est affichée.

5 Dessinez un cadre autour de l'élément à enregistrer.

CONTENU DE L'ALBUM **Tous les éléments sauvegardés avec la fonction Album sont accessibles dans l'application Album. Vous pouvez la démarrer en accédant à toutes les applications puis en appuyant sur son icône.**

6 L'élément collecté est affiché dans l'Album. Plusieurs éléments peuvent accompagner l'élément comme du texte, détecté automatiquement, un lien Internet, etc.

7 Appuyez sur **Mémo** pour ajouter une note manuscrite avec le S Pen.

8 Appuyez sur **Libellés** pour ajouter un libellé afin de faciliter la recherche ultérieure.

9 Appuyez sur **Mon album** afin de choisir ou de créer une catégorie de sauvegarde.

10 Appuyez sur la coche en haut à droite pour sauvegarder cet élément dans votre album.

Utiliser Capture

Vous pouvez effectuer des captures d'écran de votre Note 3 à l'aide de l'application Capture. Celle-ci, en plus d'en effectuer la capture vous permet de l'agrémenter de commentaires, de dessiner dessus, de la recadrer et même de la partager.

1 Lorsque durant une activité sur une application vous voulez faire une capture d'écran, sortez le S Pen de son logement et appuyez sur **Capture** dans le menu **Air Command**.

2 Si le S Pen était déjà sorti, approchez-le de l'écran, appuyez sur le bouton et appuyez sur **Capture** dans le menu **Air Command**.

3 L'écran est capturé et affiché dans l'outil d'édition.

4 Appuyez sur le crayon pour en afficher les options d'écriture.

5 Les options sont affichées. Elles sont expliquées plus en détail dans la fiche 55.

6 Utilisez la gomme pour effacer les éléments écrits ou dessinés.

LA GALERIE **Les éléments capturés et édités sont accessibles *via* l'application Galerie disponible dans la liste des applications. Dans la galerie, un dossier spécial IMG_edited contient ces captures.**

7 L'outil **Recadrage** vous permet de choisir une portion de la capture à conserver.

8 Utilisez les carrés et losanges bleus pour modifier la taille de la zone.

9 Vous pouvez déplacer la zone de recadrage en appuyant dedans et en la faisant glisser.

10 Les boutons avec les flèches permettent d'annuler la dernière action ou de réappliquer la dernière action annulée.

11 Le bouton avec les trois points reliés vous permet de partager la capture à l'aide de différentes applications.

12 La croix ferme la capture sans la sauvegarder tandis que la coche enregistre la capture modifiée ou non.

Utiliser S Finder

S Finder est le moteur de recherche intégré de votre Note 3. Il peut tout trouver sur votre appareil et, s'il ne trouve pas et que vous êtes connecté à Internet, il ira chercher sur Internet. N'hésitez pas à faire appel à lui.

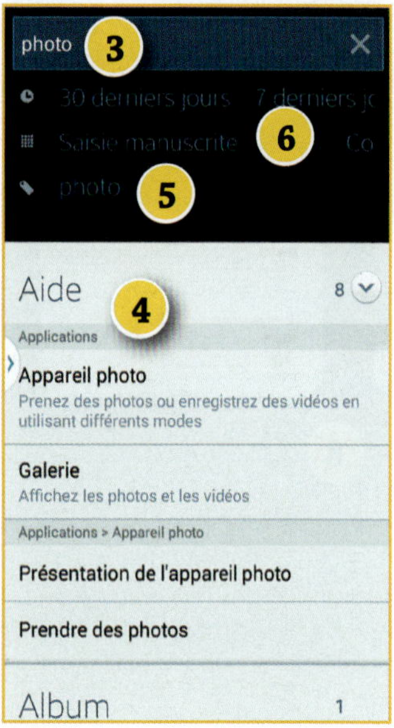

1 Démarrez **Air Command** en vous reportant à la fiche 45.

2 Appuyez sur **S Finder**.

3 Appuyez dans le champ de recherche, en haut, et saisissez ce que vous recherchez.

4 Les résultats sont affichés en dessous.

5 Sous le champ de recherche sont placés des filtres sur trois lignes. La première ligne est un filtre de temps, la deuxième un filtre de type de données, la troisième un filtre de libellé (voir fiche 51).

6 Chaque ligne peut contenir plusieurs filtres que vous pouvez faire défiler en faisant glisser la ligne vers la gauche.

SANS CONNEXION INTERNET S Finder fonctionne très bien en local, c'est-à-dire sans connexion à Internet. Seule la recherche sur Internet, la zone Recherche Web, ne sera pas active, ce qui est normal.

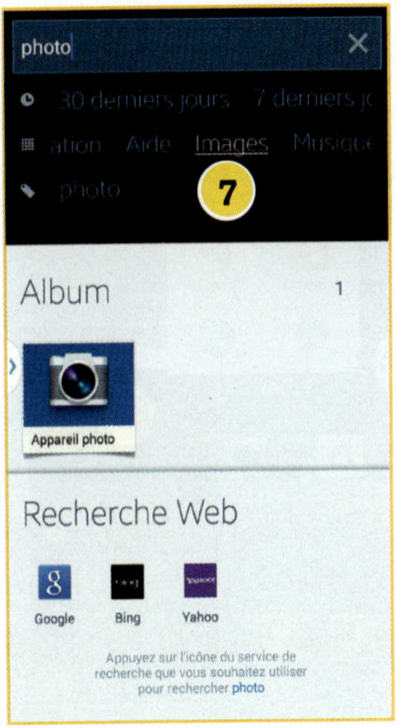

7 Activez un filtre en appuyant dessus. Il change de couleur et devient souligné. Appuyez de nouveau dessus pour le désactiver.

8 Vous pouvez en activer plusieurs.

9 Les résultats de la recherche sont modifiés en fonction des filtres activés.

10 Appuyez sur le résultat de votre choix.

11 Pour déclencher une recherche sur Internet, appuyez sur l'icône du moteur de recherche de votre choix tout en bas de la liste de résultats dans la zone **Recherche Web**.

Utiliser les applications flottantes

Avec la grande taille de votre Note 3, il serait dommage de ne pas pouvoir afficher plusieurs applications simultanément. La dernière fonction de Air Command le permet en créant des applications flottantes.

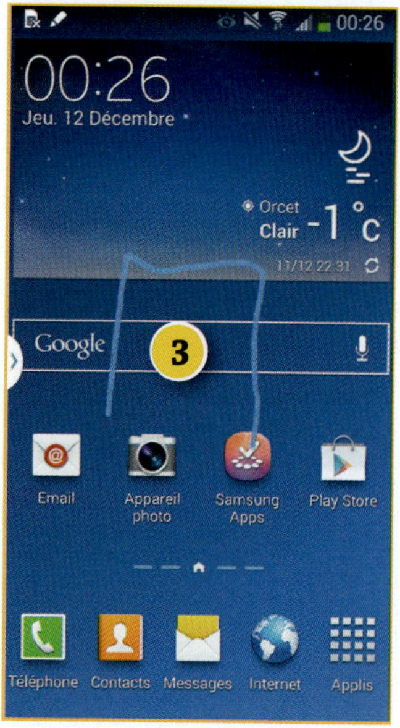

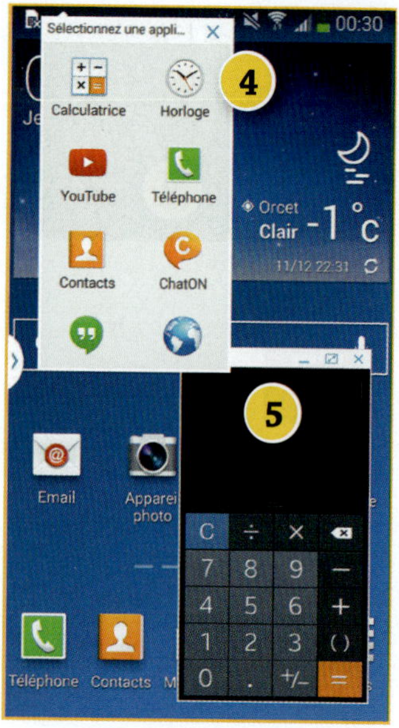

1 Démarrez **Air Command** en vous reportant à la fiche 45.

2 Appuyez sur **Applis flottantes**.

3 À l'aide du S Pen, dessinez un cadre sur votre écran. Celui-ci contiendra votre application flottante. Ne le faites pas trop petit.

4 La liste des applications utilisables en tant qu'application flottante est affichée. Appuyez sur l'application de votre choix.

5 L'application est démarrée et affichée dans le cadre. Il est possible que le cadre soit redimensionné automatiquement pour contenir l'application.

TOUJOURS VISIBLES **Les applications flottantes se placent par-dessus toutes les autres applications que vous pouvez démarrer. Elles restent au premier plan. Pour voir les applications "classiques" en dessous, vous devez soit les réduire soit les fermer.**

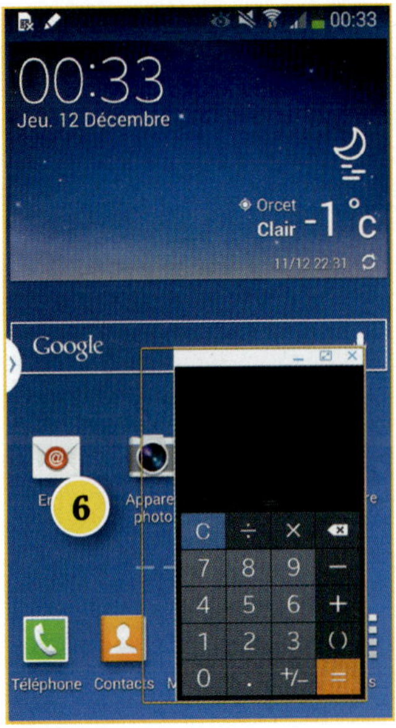

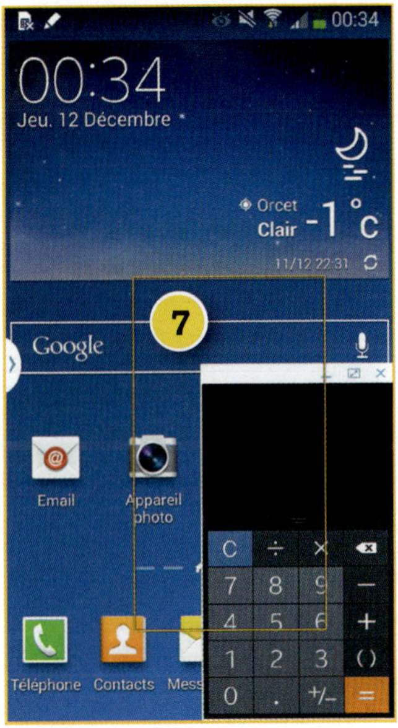

6 Après le lancement de l'application flottante, vous pouvez réaliser plusieurs opérations sur le cadre de l'application. Appuyez sur l'un des bords du cadre et déplacez-le pour redimensionner l'application flottante. Il y a des dimensions minimales.

7 Appuyez dans la barre du haut, maintenez la pression et déplacez la fenêtre sur votre écran jusqu'à l'emplacement de votre choix.

Utiliser les applications flottantes

Les applications flottantes sont pleinement fonctionnelles même si leur apparence est réduite et/ou déformée par la taille de la fenêtre.

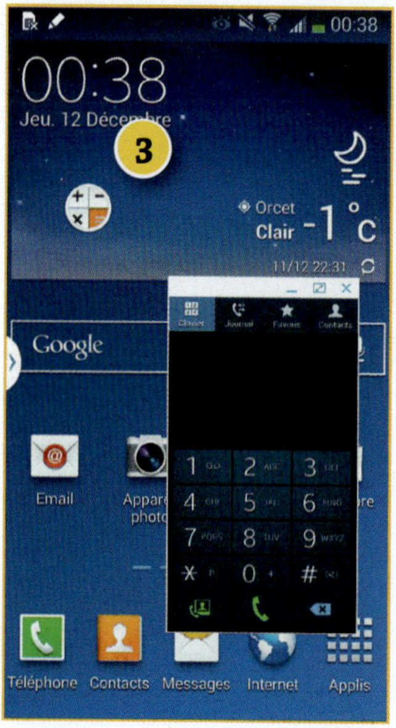

1 Appuyez sur ce bouton pour réduire l'application sous forme d'icône ronde.

2 Lorsque l'application est réduite, vous pouvez déplacer l'icône ronde.

3 Pour que l'application flottante retrouve sa taille, appuyez sur l'icône ronde.

PLUSIEURS APPLICATIONS FLOTTANTES Vous pouvez tout à fait démarrer plusieurs applications flottantes et les utiliser simultanément. Il vous suffit de reproduire la procédure de création d'une application flottante en dessinant un nouveau cadre. Attention tout de même avec le nombre d'applications flottantes démarrées, car cela peut ralentir les performances de votre Note 3.

4 Appuyez sur cette icône pour que votre application flottante se transforme en application "classique", c'est-à-dire plein écran. Attention, une fois l'application devenue "classique", vous ne pouvez pas la transformer en application flottante. Vous devez recommencer la procédure.

5 Appuyez sur cette icône pour fermer l'application flottante.

Créer des notes évoluées

Action mémo, abordé dans la fiche 50, est très pratique pour des prises de notes rapides, mais, si vous avez plus de temps et souhaitez avoir plus d'options, votre Note 3 dispose de l'application S Note. Elle permet de prendre des notes, mais aussi de dessiner.

1 Dans la liste des applications, appuyez sur l'icône **S Note**.

2 S Note nécessite quelques réglages au démarrage. Suivez la procédure qui vous permet de choisir une ou plusieurs couvertures pour votre carnet de notes.

3 Vous devez aussi choisir un modèle de page pour démarrer.

4 Enfin, vous pouvez synchroniser vos notes avec un service en ligne.

PLUSIEURS CAHIERS, PLUSIEURS PAGES Chaque note est contenue dans un cahier de notes. Votre note peut contenir plusieurs pages et S Note peut gérer plusieurs cahiers de notes. De quoi bien organiser et classifier vos notes.

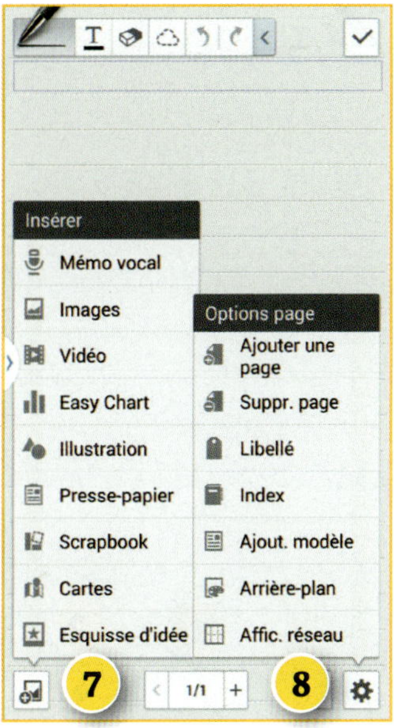

5 Après la création de votre carnet de notes, la première page est affichée.

6 La barre d'outils est située en haut. De gauche à droite, vous avez le crayon pour l'écriture manuscrite ou le dessin, l'accès au clavier virtuel, la gomme, l'outil de transformation et les fonctions d'annulation et de rétablissement d'action annulée.

7 L'icône en bas à gauche vous permet d'ajouter à votre note de multiples éléments comme des images, des vidéos, des graphiques, des cartes, etc., de quoi illustrer pleinement votre note.

8 L'icône en bas à droite permet d'accéder aux options pour les pages. Vous pouvez, entre autres, ajouter ou supprimer des pages, modifier le modèle ou l'arrière-plan, etc.

Créer des notes évoluées

Les outils de S Note sont nombreux, précis et très utiles. Vous pouvez réellement prendre des notes comme sur du papier et y ajouter de nombreux éléments et informations.

1 En bas au milieu, les boutons vous permettent de naviguer entre les différentes pages de votre note et d'en créer une si vous êtes sur la dernière.

2 Le bouton avec la main vous permet de choisir si les modifications sur votre note peuvent être faites seulement avec le S Pen ou avec le S Pen et le doigt.

3 Appuyez sur l'outil **Crayon** pour en afficher les options. Vous avez le choix entre cinq outils d'écriture ou de dessin. De gauche à droite : le **Stylet**, le **Crayon**, le **Pinceau d'art**, le **Pinceau de calligraphie** et le **Surligneur**.

4 En sélectionnant un des outils, les options sont affichées. La réglette vous permet de choisir la taille de l'outil. Déplacez la réglette ou utilisez les signes - ou **+**.

SYNCHRONISATION Si vous avez activé la synchronisation avec votre compte Samsung et/ou Evernote et si une connexion Internet est disponible, vos notes sont automatiquement synchronisées avec ces comptes.

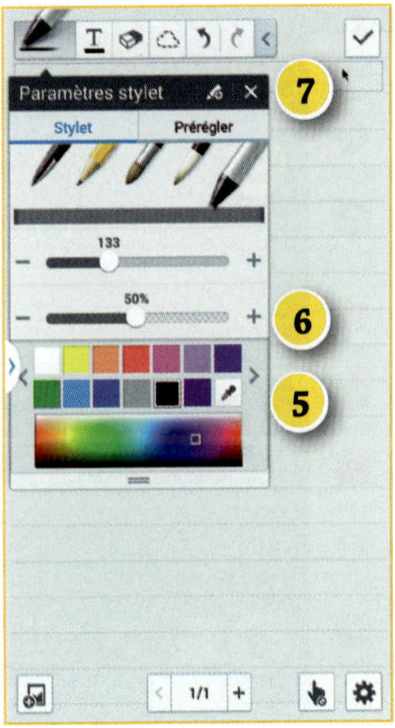

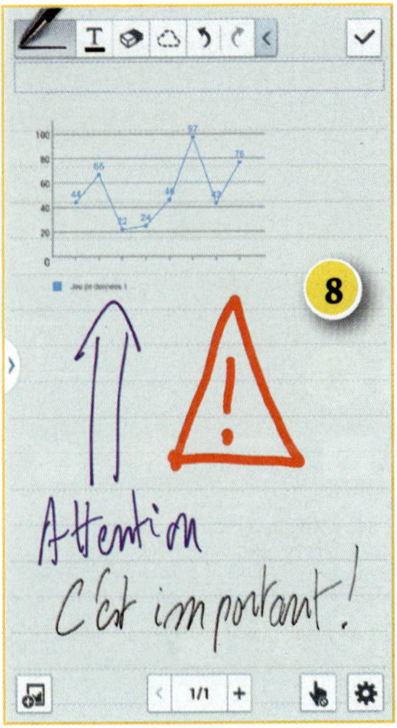

5 En dessous, vous pouvez choisir la couleur de l'outil en cliquant sur l'un des carrés ou en la choisissant dans le nuancier.

6 L'outil **Surligneur** dispose d'une réglette supplémentaire permettant de gérer la transparence de la couleur.

7 Appuyez sur la croix en haut à droite pour fermer les options.

8 Vous pouvez utiliser votre outil pour écrire ou dessiner et aussi ajouter plein d'éléments à votre note.

Gérer le multiécran

La grande taille de l'écran de votre Note 3 vous permet déjà d'utiliser les applications flottantes. Mais vous pouvez aussi partager votre écran en deux et afficher une application dans chaque partie.

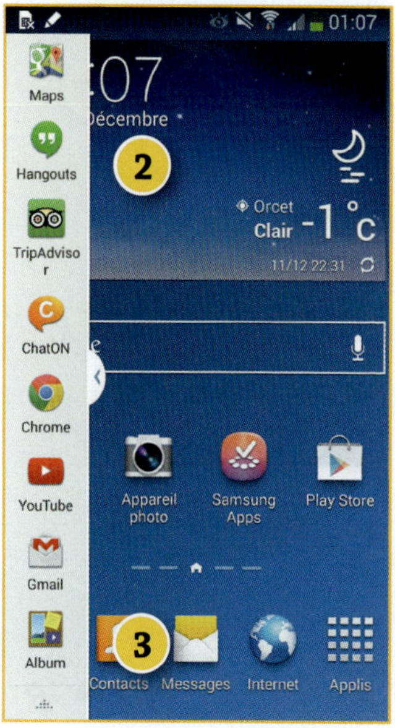

1 Appuyez sur le bouton arrondi avec la flèche sur le milieu du bord gauche de votre Note 3.

2 Les applications compatibles avec le multiécran sont affichées.

3 Vous pouvez faire défiler la liste vers le bas pour afficher le reste des applications.

D'AUTRES SUR LE PLAY STORE Toutes les applications ne sont pas compatibles avec le multiécran, mais de nouvelles sont disponibles dans le Play Store. Pour accéder à ces applications, appuyez sur la flèche en bas de la barre d'applications, puis appuyez sur Modifier. Dans la fenêtre qui s'affiche, appuyez sur Play Store.

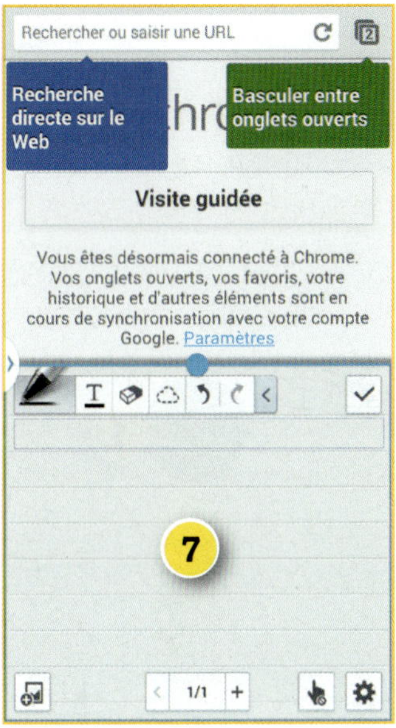

4 Appuyez sur l'icône de la première application de votre choix.

5 Elle est ouverte en plein écran.

6 Appuyez sur l'icône de la seconde application.

7 Elle est ouverte et se place automatiquement dans la partie inférieure de votre écran.

Gérer le multiécran

Ce ne sont pas seulement deux applications que vous pouvez gérer en multiécran, mais bien plus. Et vous pouvez donner plus d'importance à celle du bas ou du haut en fonction de l'application et de vos besoins.

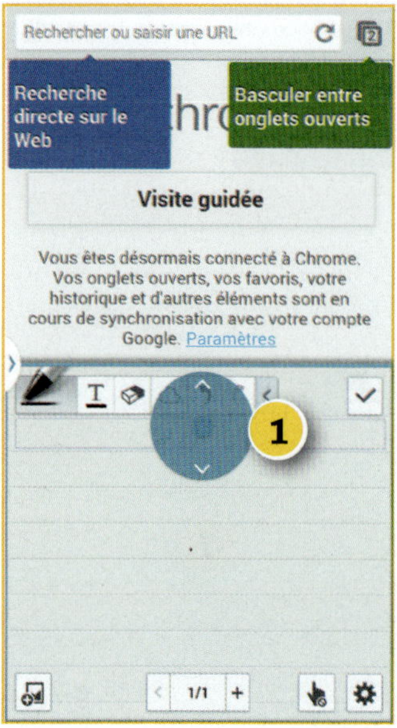

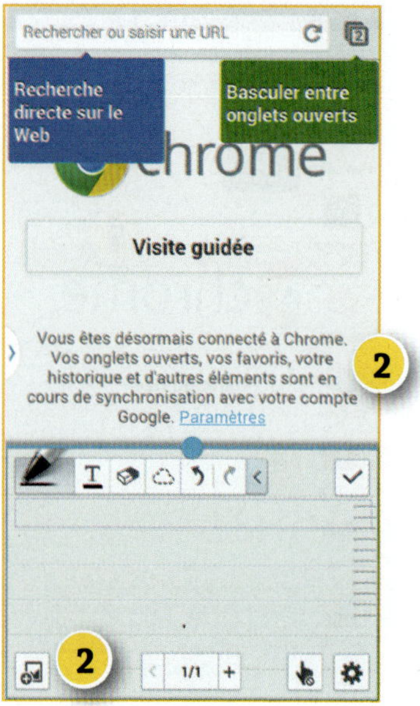

1 Par défaut, les applications se partagent équitablement votre écran. Vous pouvez modifier le partage. Appuyez sur le rond de la ligne de partage, maintenez la pression puis descendez-le ou remontez-le.

2 Les fenêtres des applications sont redimensionnées.

HORIZONTAL ET VERTICAL **Le multiécran fonctionne aussi bien dans le sens vertical, comme présenté ici, que dans le sens horizontal. Il vous suffit de faire pivoter votre Note 3 pour que le multiécran se transforme en droite/gauche.**

3 Vous pouvez ouvrir simultanément plusieurs applications en mode écran partagé, même si seulement deux sont affichées. Comme pour l'ouverture des deux premières applications, appuyez dans la barre d'application latérale sur l'icône de l'application à ouvrir et recommencez pour les autres applications de votre choix.

4 À chaque ouverture, les applications se placent alternativement en haut et en bas.

5 Vous pouvez gérer ces multiples applications avec le bouton rond de la ligne de partage. Appuyez sur la partie contenant la ou les applications puis appuyez sur le rond de la ligne de partage. La partie de l'écran sélectionnée est encadrée de bleu.

Gérer le multiécran

Avec de multiples applications ouvertes en multiécran, vous pouvez naviguer de l'une à l'autre sans les quitter. Vous pouvez même les faire basculer du haut vers le bas, ou l'inverse. Enfin, vous pouvez même capturer un élément d'une application pour le glisser vers une autre application.

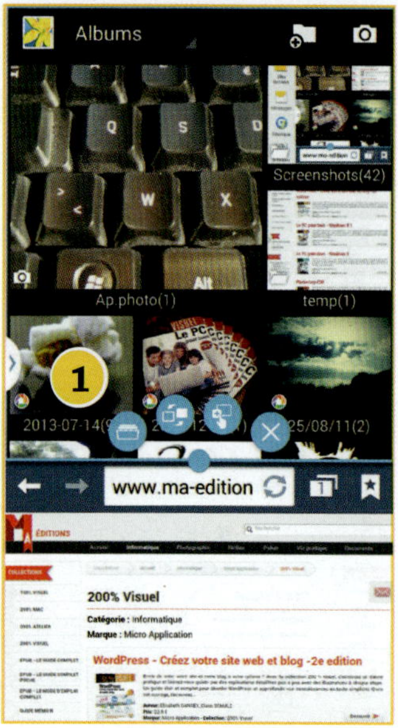

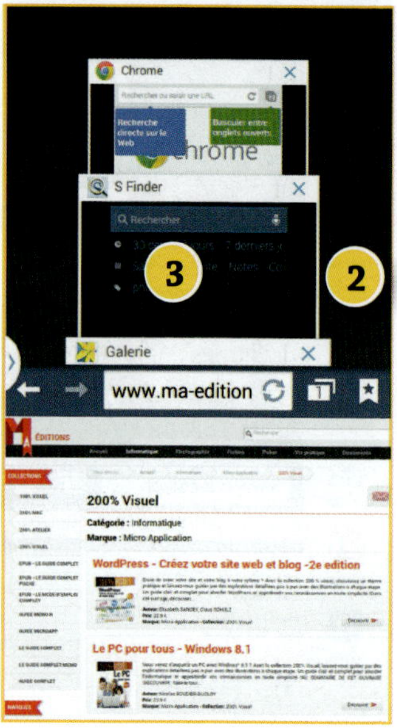

1 Quatre possibilités vous sont offertes. Le premier rond permet, pour la partie active, d'afficher les applications ouvertes.

2 Les applications ouvertes sont affichées sous forme de vignettes que vous pouvez faire défiler verticalement.

3 Appuyez sur la vignette de l'application à afficher.

FERMETURE DU MULTIÉCRAN Pour fermer le multiécran, appuyez sur la touche Accueil. Le multiécran est fermé, mais pas les applications. Vous pouvez les retrouver, en affichage classique, en effectuant un appui long sur la touche Accueil. La liste des applications en cours d'exécution est affichée. Appuyez sur l'application de votre choix pour l'activer.

4 Le deuxième bouton permet de faire basculer l'application affichée dans l'autre partie de l'écran.

5 Le troisième bouton permet de capturer un élément d'une partie de l'écran et de la faire glisser dans l'autre partie de l'écran.

6 Pratique, par exemple, pour capturer une image d'un site et la faire basculer dans une note S Note avec un simple glisser/déplacer.

7 Le dernier bouton permet de fermer l'application affichée.

CHAPITRE 9

057 • Tour du propriétaire
058 • Démarrer la Gear et la Note 3
059 • Découvrir le Gear Manager
060 • Paramétrer la Gear
061 • Installer des logiciels
062 • Naviguer dans la Gear
063 • Prendre des photos
064 • Capturer des vidéos
065 • Visionner les photos et vidéo enregistrées
066 • Utiliser le contrôleur multimédia
067 • Gérer le volume et la luminosité
068 • S'entretenir avec la Gear
069 • Utiliser S Voice
070 • Téléphoner avec la Gear

DÉBALLER ET UTILISER LA GEAR

Tour du propriétaire

Après avoir ouvert le carton de votre Galaxy, il est temps d'en prendre possession, d'abord de l'extérieur. Ici, il n'y a pas d'extravagance au niveau des boutons, pratiquement tout se passe sur l'écran.

1 L'écran tactile remplit tout le cadran de la montre.

2 Cet écran est serti dans une coque en métal accrochée à un bracelet en caoutchouc.

ÉCRAN TACTILE Qui dit écran tactile, dit traces de doigts. La Gear n'échappe pas à la règle et il n'est pas inutile de passer un petit coup de chiffon ou de mouchoir en papier pour effacer les traces ingrates.

3 Dans l'un des bras du bracelet est logé l'appareil photo/caméra de 1,9 Mpx.

4 Sur la tranche de la coque se situe le bouton **Marche/Arrêt/Veille**.

Tour du propriétaire

Vous ne pouvez pas recharger directement la batterie de la Gear. Vous devez la placer dans un boîtier fourni, puis alimenter ce boîtier.

1 Un boîtier est livré avec la Gear et sert à recharger la batterie. Notez les capteurs métalliques à l'intérieur.

2 Des capteurs métalliques sont aussi présents sous la Gear et doivent correspondre au moment de placer la Gear dans le boîtier.

3 Ce point sur la tranche de la coque est le microphone. Il sert pour les conversations téléphoniques ainsi qu'à la caméra.

AUTONOMIE En utilisation courante, l'autonomie de la Gear se situe entre un et deux jours. Si vous ne dormez pas avec, pensez à la mettre en charge la nuit et ainsi profiter pleinement de ses services durant la journée.

4 Positionnez la Gear dans le boîtier et refermez-le.

5 Ce bouton vous permet d'ouvrir le boîtier pour en sortir la montre.

6 Lorsque le boîtier est fermé, vous pouvez connecter le câble d'alimentation à ce port micro USB.

7 Dans la boucle métallique du bracelet est logé le haut-parleur. Il sert pour les conversations téléphoniques et durant la lecture de vidéo.

Démarrer la Gear et la Note 3

Le premier démarrage de la Gear nécessite la présence de la Note 3 avec laquelle la compatibilité est assurée. Allumez la Note 3, activez le Bluetooth, le NFC et le Wi-Fi avant de démarrer la procédure.

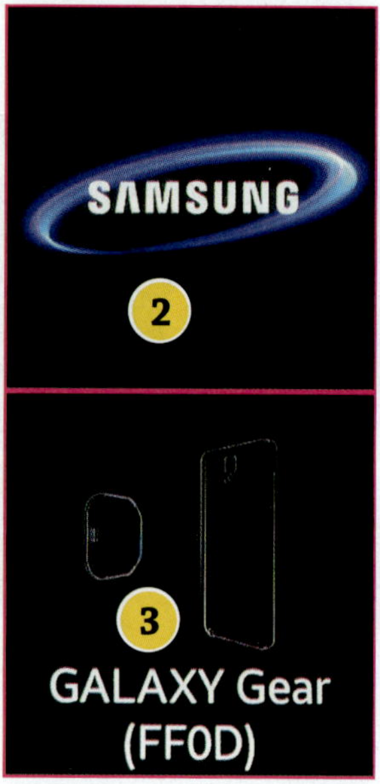

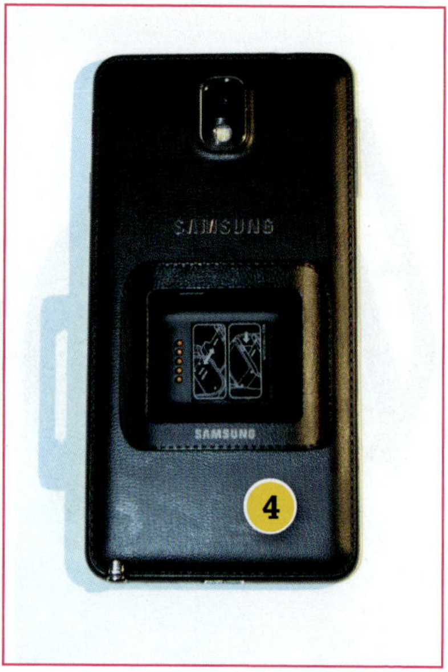

1 Effectuez un appui sur le bouton **Marche/Arrêt** de la Gear.

2 La montre démarre avec l'animation du logo Samsung.

3 Une vidéo vous accueille et vous explique comment coupler votre Gear et votre Note 3. Activez le NFC sur la Note 3 si ce n'est pas déjà fait.

4 Vous devez ensuite mettre dos à dos le boîtier de la Gear et votre Note 3.

CHARGEMENT PRÉALABLE Pour être tranquille au moment du premier démarrage, vous pouvez charger la Gear sans même la démarrer. Reportez-vous à la fiche 57 pour voir comment placer la Gear dans son boîtier de chargement.

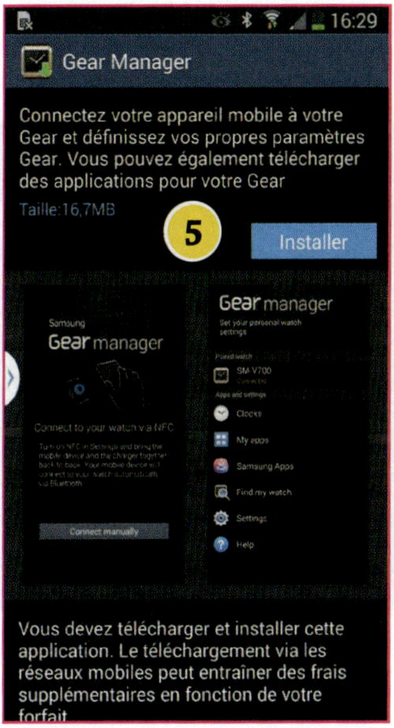

5 Le boîtier est automatiquement détecté et reconnu par la Note 3. Il vous est proposé de télécharger et d'installer Gear Manager. C'est le logiciel qui vous permettra de contrôler et de paramétrer votre Gear. Appuyez sur **Installer**.

6 Après le téléchargement et l'installation de l'application, Gear Manager est automatiquement démarré. Placez votre montre à proximité de la Note 3 pour qu'elle soit détectée.

7 Sur votre Note 3 est affiché un code que vous devez confirmer sur la montre. Appuyez sur **OK**.

Démarrer la Gear et la Note 3

La mise en route de la Gear est assez simple et rapide. Il est tout de même nécessaire de bien suivre les étapes afin de ne rencontrer aucun problème.

1 Votre montre affiche le même code que sur la Note 3. Validez-le en appuyant sur la coche.

2 Votre montre et votre Note 3 se synchronisent.

3 Après la synchronisation, votre montre est fonctionnelle.

EN CAS DE SOUCI Si la procédure ne se déroule pas comme prévu, recommencez-la en éloignant le boîtier de la Gear de la Note 3 afin de couper la connexion NFC. À partir de là, Vérifiez ensuite que les connexions Bluetooth, NFC et Wi-Fi sont bien actives sur la Note 3 puis redémarrez la procédure.

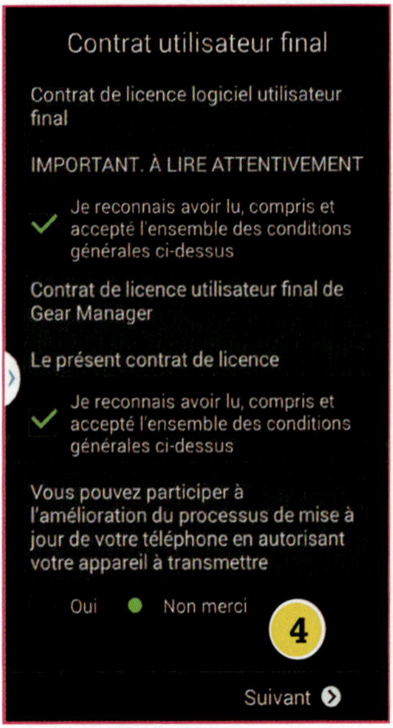

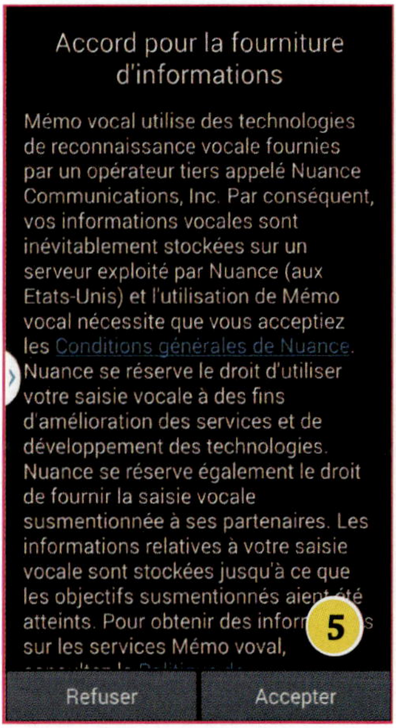

4 Sur votre Note 3 vous devez effectuer encore quelques manipulations. Acceptez les conditions d'utilisation en cochant les cases correspondantes, puis appuyez sur le bouton **Suivant**, en bas à droite.

5 Acceptez aussi les conditions d'utilisation de l'application Mémo Vocal qui utilise les services d'une autre société.

6 Après cela, la configuration de votre Note 3 et de votre montre sont terminées.

Découvrir le Gear Manager

Votre Gear est pleinement fonctionnelle, mais la plupart des réglages se font sur la Note 3 à travers l'application Gear Manager. Cette application a été installée automatiquement au moment de la connexion entre votre Gear et votre Note 3.

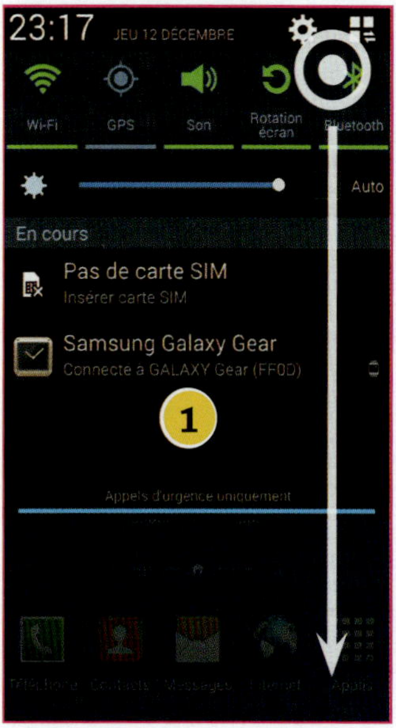

1 Pour démarrer l'application Gear Manager, si votre montre est allumée et détectée, vous pouvez accéder à la zone de notification en faisant glisser votre doigt en partant du haut vers le bas, puis en appuyant sur Samsung Galaxy Gear.

2 Vous pouvez aussi appuyer sur Gear Manager dans la liste des applications.

AUTRES APPLICATIONS En fonction des applications supplémentaires que vous pouvez installer, d'autres réglages et paramètres peuvent être ajoutés dans l'application Gear Manager. Pensez à revenir vers cet outil après l'installation d'une application pour votre Gear.

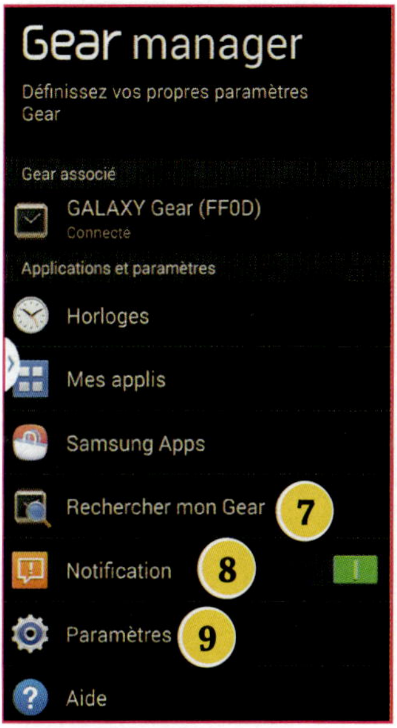

3 Cette zone indique la ou les montres associées avec votre Note 3.

4 Appuyez sur **Horloges** pour choisir un modèle pour votre montre.

5 **Mes applis** vous permet d'accéder à la gestion des applications de votre montre.

6 **Samsung Apps** permet de télécharger des applications spécifiques à Gear.

7 Appuyez ici pour faire sonner votre Gear si vous la cherchez.

8 Appuyez ici pour gérer les notifications transmises de votre Note 3 à votre Gear.

9 Appuyez ici pour accéder à d'autres paramètres.

Paramétrer la Gear

Par défaut, le nom de votre Gear n'est pas très personnel. Vous pouvez lui donner le nom de votre choix avec le Gear Manager. C'est aussi avec le Gear Manager que vous pouvez mettre à jour votre montre.

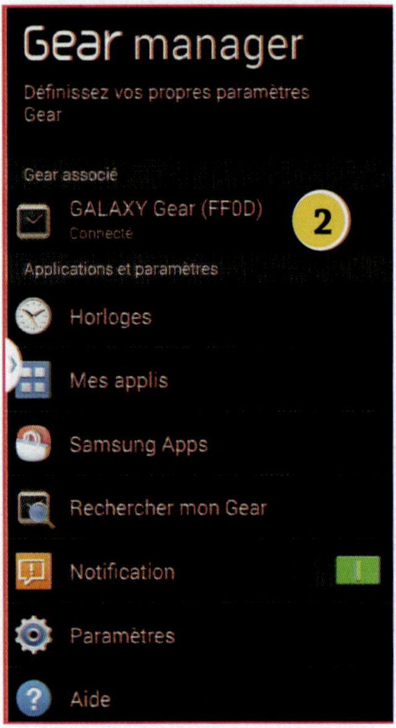

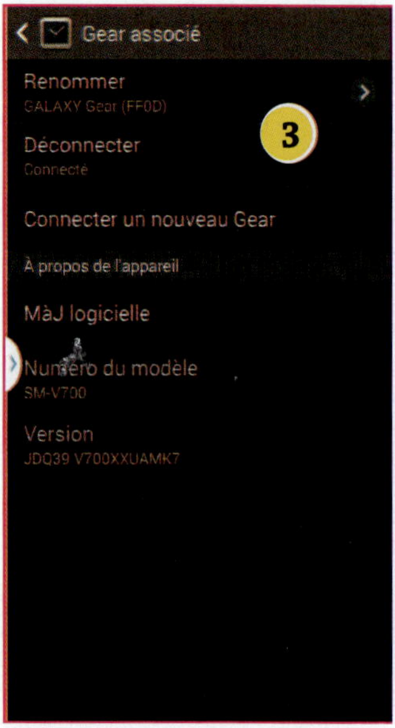

1 Démarrer l'application Gear Manager en vous reportant à la fiche 59.

2 Appuyez sur le nom de votre Gear.

3 Ici, vous pouvez exécuter différentes tâches, comme renommer votre Gear avec un nom plus personnel, la déconnecter, connecter une autre Gear, effectuer la mise à jour de votre Gear, ou avoir d'autres informations.

APPLICATIONS FAVORITES ET LES AUTRES Les applications favorites sont les applications directement accessibles à droite et à gauche de l'écran d'accueil de la Gear. Les autres applications sont accessibles *via* le menu Applications.

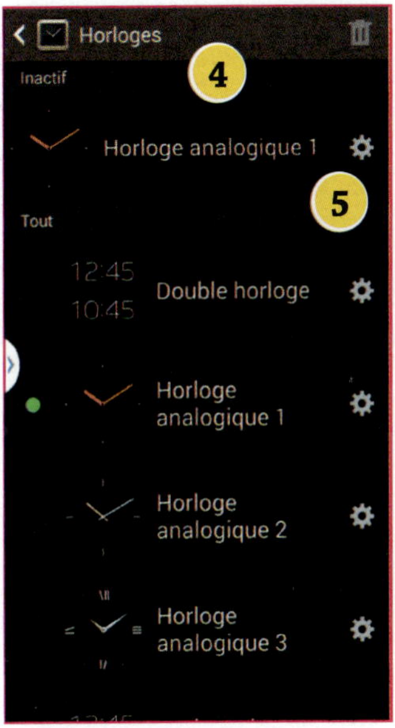

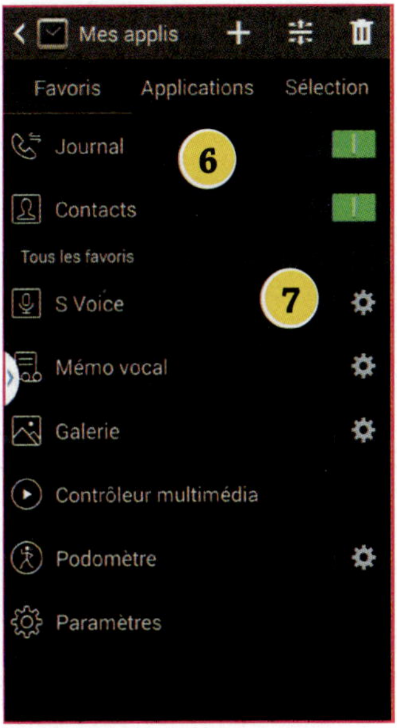

4 En appuyant sur **Horloges**, vous pouvez choisir l'horloge à afficher sur votre Gear. La modification est immédiate.

5 Certaines horloges disposent d'options accessibles en appuyant sur cette icône.

6 En appuyant sur **Mes applis**, vous accédez à la configuration des applications.

7 Appuyez sur cette icône pour définir les options des applications.

Paramétrer la Gear

L'installation d'applications pour votre Gear passe par l'application Samsung Apps, mais seulement avec la version spéciale accessible dans le Gear Manager.

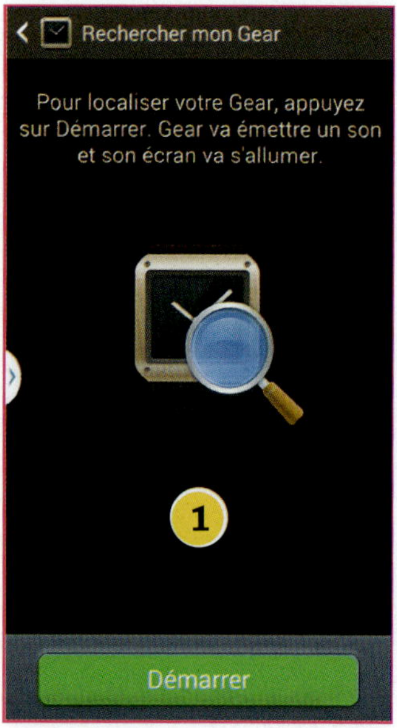

1 En appuyant sur **Rechercher mon Gear**, vous pouvez faire sonner votre Gear à distance pour la localiser.

2 En appuyant sur **Samsung Apps**, vous accédez à la boutique d'applications Samsung dédiées à la Gear.

3 Elles sont classées par catégorie. Appuyez sur celle de votre choix, puis sur l'application désirée.

4 Le téléchargement et l'installation se déroulent comme pour une application classique.

DISTANCE DE RECHERCHE La fonction de recherche de votre Gear via le Gear Manager a tout de même quelques limites. Au-delà d'une certaine distance, une dizaine de mètres, la recherche ne fonctionnera plus. En fait, tant que votre montre est détectée par la Note 3, la recherche peut s'effectuer.

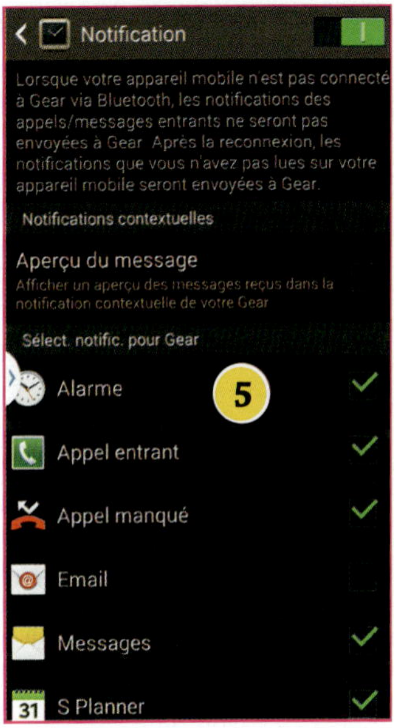

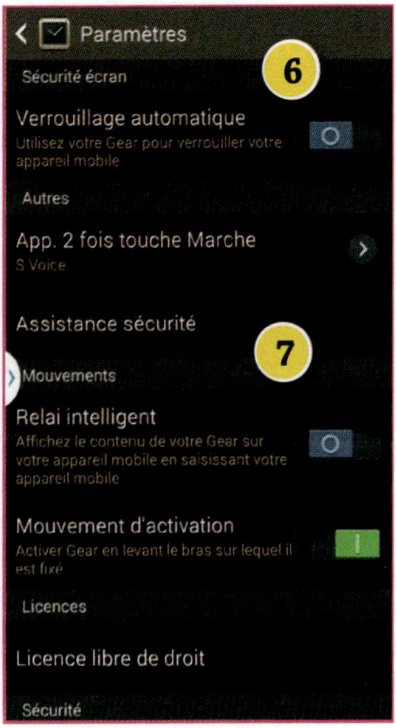

5 En appuyant sur **Notifications**, vous pouvez définir quelles applications envoient des notifications à votre Gear.

6 En appuyant sur **Paramètres**, vous accédez aux derniers paramètres de votre Gear.

7 Vous pouvez ainsi utiliser votre Gear pour verrouiller votre Note 3, définir l'action par défaut pour une double pression sur le bouton **Marche**, etc.

Installer des logiciels

L'installation de logiciels pour votre Gear se passe sur votre Note 3 avec le Gear Manager. Sinon, cela reste une procédure classique comme pour une application pour votre Note 3.

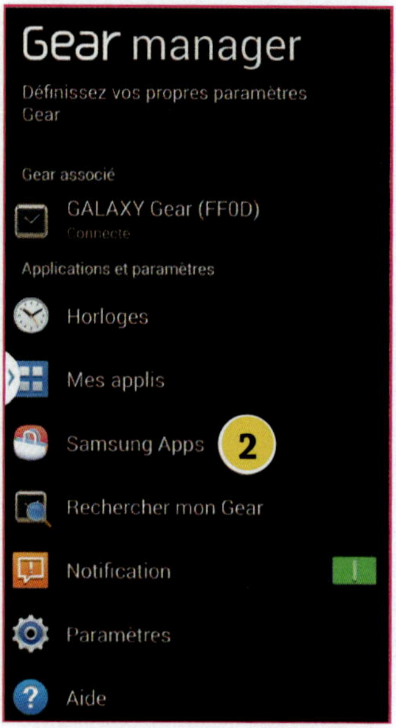

1 Démarrez **Gear Manager** en vous reportant à la fiche 59.

2 Dans **Gear Manager** Appuyez sur **Samsung Apps**.

3 Dans la liste des catégories, appuyez sur celle de votre choix.

CATALOGUE JEUNE **Le nombre d'applications disponibles pour la Gear n'est pas encore important. Cela est normal, puisque la montre est récente. Avec le temps, ce nombre devrait augmenter.**

4 Les applications de la catégorie sont réparties en sous-catégories : **Tout**, **Payant**, **Gratuit** et **Nouveau**.

5 Par défaut, la sous-catégorie est **Tout**. Appuyez sur une autre pour affiner la liste des applications.

6 Dans la liste des applications, appuyez sur l'icône de celle de votre choix pour accéder à sa fiche.

Installer des logiciels

Comme pour les applications classiques pour votre Note 3, vous devez autoriser l'application à avoir accès à certaines informations, données et contrôles de votre Gear.

1 Sur la fiche de l'application, vous avez différentes vues, des avis et la possibilité de rechercher des applications similaires.

2 Si l'application est payante, appuyez sur son prix pour l'acheter. Si elle est gratuite, appuyez sur **Gratuit**.

3 Les autorisations de l'application sont affichées. Appuyez sur **Accepter et téléch.** pour télécharger et installer l'application.

PARAMÈTRES D'APPLICATION Certaines applications ont des paramètres, d'autres pas. Celles disposant de paramètres sont repérables à l'icône située à droite du nom de l'application en forme de roue dentée. Appuyez sur cette icône pour y accéder.

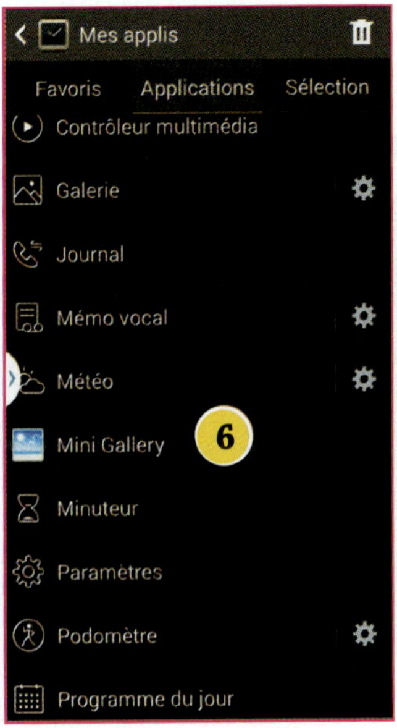

4 Après le téléchargement, l'application est automatiquement installée sur votre Note 3 puis sur votre Gear.

5 Appuyez sur **Aff. app dans gest. Gear** pour afficher l'application dans le Gear Manager et dans la rubrique **Mes appplis**.

6 L'application est affichée.

7 L'application est aussi sur votre Gear, dans le dossier **Applications**. Pour y accéder, reportez-vous à la fiche 62.

Naviguer dans la Gear

Comme il n'y pas de bouton sur votre Gear, sauf celui pour la démarrer, toute la navigation et l'accès aux applications se fait avec l'écran tactile. Un petit temps d'adaptation est nécessaire pour comprendre le fonctionnement.

1 Appuyez sur le bouton **Marche** pour allumer la Gear ou la sortir de l'état de veille.

2 L'horloge paramétrée dans Gear Manager est l'écran d'accueil par défaut de votre Gear.

MODIFICATIONS DU MENU **Vous pouvez ajouter, enlever ou modifier l'ordre des applications dans le menu avec le Gear Manager, dans la rubrique Mes applis. Les trois boutons en haut à droite vous donnent accès à ces opérations.**

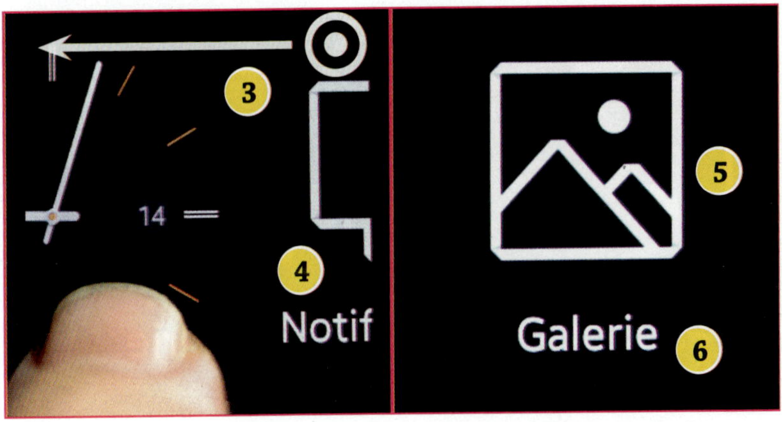

3 Pour naviguer entre les applications favorites, faites glisser votre doigt de gauche à droite ou de droite à gauche.

4 Les applications défilent dans le sens horizontal, en boucle.

5 Par défaut, les applications favorites vers la droite de **l'Horloge** sont **Notifications**, **S Voice**, **Mémo vocal**, **Galerie**, **Contrôleur multimédia**, **Podomètre**, **Paramètres**, **Applications** (qui contient toutes les applications), **Journal**, **Contacts**, puis vous revenez sur l'**Horloge**.

6 Pour activer une application, appuyez sur l'écran lorsque son nom est affiché.

Naviguer dans la Gear

Le principe de navigation est le même pour toutes les applications. Après avoir compris le principe, la navigation dans une nouvelle application vous semblera naturelle.

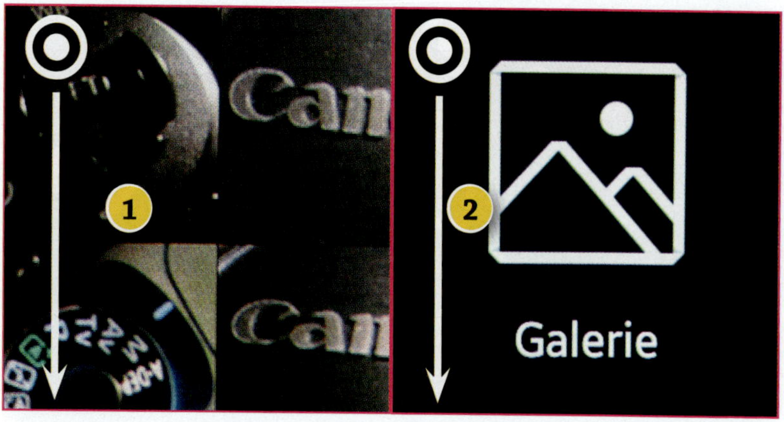

1 Lorsque vous êtes dans une application, pour revenir à un niveau supérieur, faites glisser votre doigt du haut de l'écran vers le bas.

2 Lorsque vous êtes sur les écrans de choix d'applications, ce mouvement vous permet de revenir à l'écran d'accueil, donc l'horloge.

DEUX APPLICATIONS SPÉCIALES L'appareil photo et la fonction de téléphonie sont des applications spéciales dont l'accès se fait directement depuis l'écran d'accueil de votre Gear. Néanmoins, vous les retrouvez dans le dossier Applications aux côtés de toutes les autres applications.

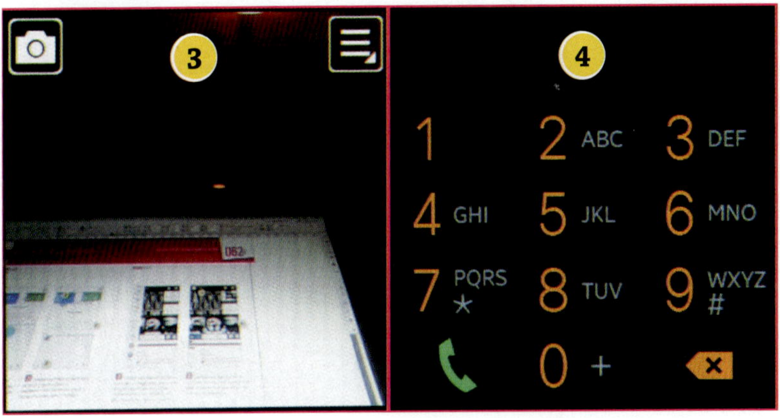

3 Lorsque vous êtes sur l'écran d'accueil, l'horloge, faites glisser votre doigt de haut en bas pour activer l'appareil photo. Son utilisation est abordée plus loin dans ce chapitre.

4 Lorsque vous êtes sur l'écran d'accueil, l'horloge, faites glisser votre doigt de bas en haut pour activer les fonctions de téléphonie. Ceci est abordé plus loin dans ce chapitre.

Prendre des photos

La Gear est équipée d'un petit appareil photo logé sur le côté de son bracelet. Loin d'être un appareil photo complet et performant, il peut cependant vous rendre service et évite de sortir votre Note 3 de votre poche.

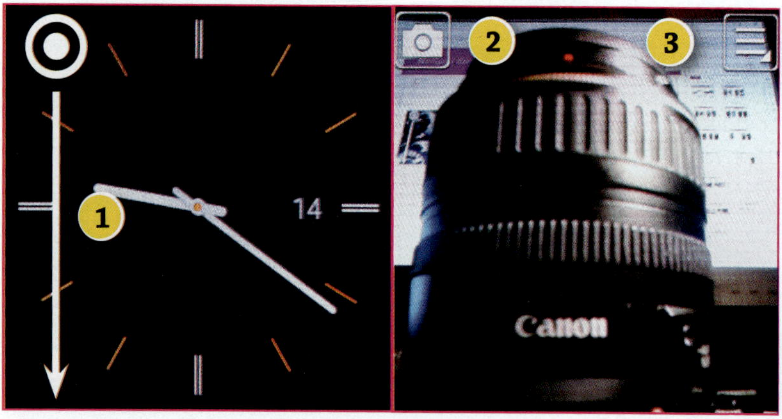

1 Sur l'écran d'accueil de votre Gear, faites glisser votre doigt du haut de l'écran vers le bas pour activer l'appareil photo.

2 L'icône en haut à gauche permet de basculer vers la caméra vidéo. Ceci est abordé dans la fiche 64.

3 L'icône en haut à droite permet d'accéder aux réglages de l'appareil photo.

REVENIR AU MENU PRÉCÉDENT **Comme pour la navigation classique sur la Gear, lorsque vous êtes dans les paramètres d'une option de l'appareil photo, faites glisser votre doigt du haut de l'écran vers le bas pour revenir à la liste des options. Et faites la même manipulation, pour revenir à l'appareil photo et prendre votre photo.**

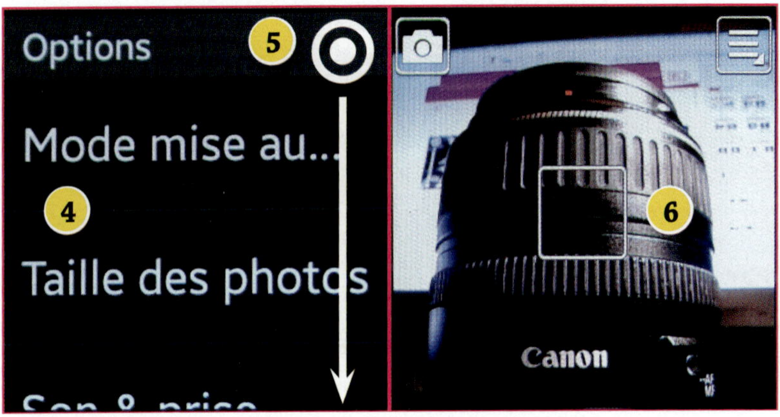

4 Dans les options, vous pouvez modifier la mise au point (normal ou macro), définir la taille des photos, capturer le son ambiant avec la photo et ajouter une signature numérique à la photo.

5 Après avoir paramétrées les options, faites glisser votre doigt du haut de l'écran vers le bas pour revenir à l'appareil photo.

6 Visez et appuyez sur l'écran pour déclencher la prise de vue. L'appareil fait la mise au point automatiquement et prend la photo.

7 Si votre Note 3 est à proximité et connectée avec votre Gear, votre photo lui est transmise automatiquement et sans message. Sinon, cela sera fait automatiquement à la prochaine connexion entre votre Gear et votre Note 3.

Capturer des vidéos

Le capteur placé sur le bracelet de votre Gear est aussi capable d'enregistrer des vidéos. Ici aussi, ne vous attendez pas à une qualité cinématographique, mais le service rendu est appréciable.

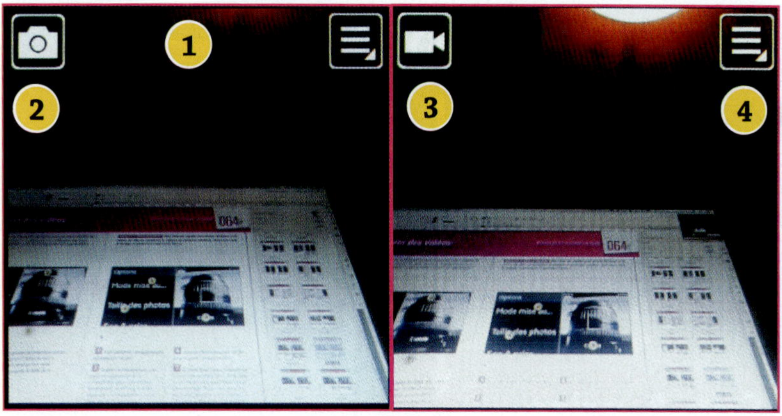

1 Accédez à l'appareil photo comme expliqué à la fiche 63.

2 Appuyez sur l'icône en haut à gauche pour basculer en mode caméra.

3 L'icône change en caméra.

4 Vous pouvez accéder aux options en appuyant sur l'icône en haut à droite. Vous n'avez qu'une seule option qui concerne la taille de la vidéo.

CAPACITÉ D'ENREGISTREMENT **Votre Gear est capable de stocker 50 photos et 15 vidéos. Au-delà, les opérations de captures ne seront pas possibles. Vous devrez faire le ménage en passant par l'application Galerie. Notez aussi qu'après trois enregistrements vidéo, l'appareil photo est coupé pour une optimisation. Vous pouvez le relancer quelques secondes après la coupure.**

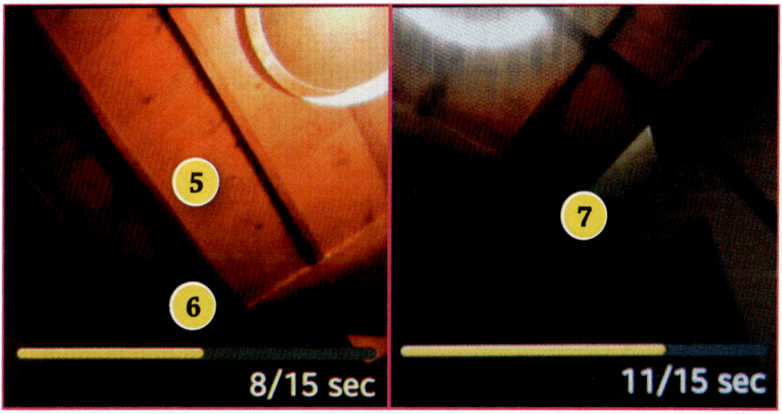

5 Pour démarrer l'enregistrement, appuyez sur l'écran.

6 Durant l'enregistrement, une barre de progression et un chronomètre vous donnent des informations. Notez que la durée maximale d'enregistrement d'une vidéo est de 15 secondes.

7 Appuyez de nouveau sur l'écran pour stopper l'enregistrement.

8 Si votre Note 3 est à proximité et connectée avec votre Gear, votre vidéo lui est automatiquement transmise et sans message. Sinon, cela sera fait automatiquement à la prochaine connexion entre votre Gear et votre Note 3.

Visionner les photos et vidéos enregistrées

Même si les photos et vidéos sont transmises automatiquement à votre Note 3, elles demeurent stockées sur votre Gear. Vous pouvez donc les visionner, mais aussi les supprimer pour récupérer de l'espace de stockage.

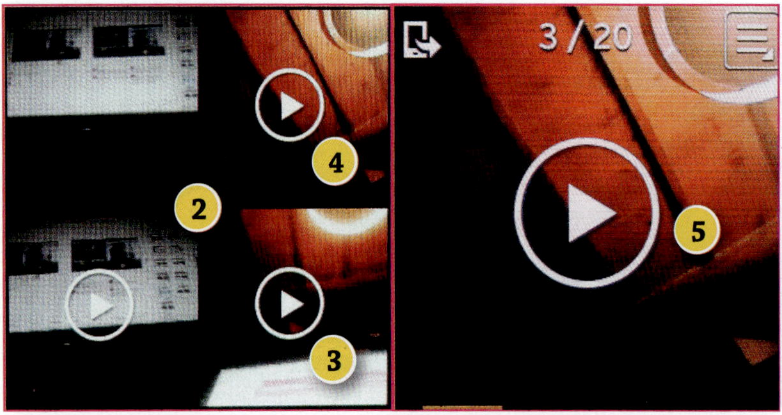

1 Accédez à l'application **Galerie**.

2 L'écran affiche les vignettes des quatre derniers éléments capturés, photos ou vidéos.

3 Les vidéos sont représentées par un cercle blanc contenant un triangle.

4 Appuyez sur un élément pour l'afficher en plein écran.

5 S'il s'agit d'une vidéo, appuyez sur l'écran pour démarrer la lecture. Appuyez de nouveau pour mettre la lecture en pause. Pour arrêter la lecture, faites glisser votre doigt du haut de l'écran vers le bas.

MÉMOIRE LIMITÉE La mémoire de votre Gear, c'est-à-dire son espace de stockage, est de 4 Go. Cela paraît important, mais cette capacité est partagée entre le système d'exploitation de votre Gear (Google Android), les programmes et vos données. C'est pour cela qu'il est utile de faire le ménage de temps en temps.

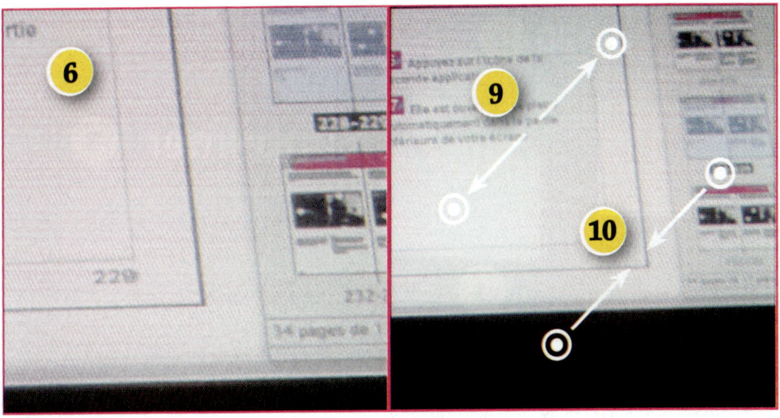

6 S'il s'agit d'une photo, appuyez deux fois rapidement sur l'écran pour zoomer dans la photo.

7 Lorsque la photo est zoomée, vous pouvez vous déplacer à l'intérieur. Appuyez sur l'écran, maintenez la pression et déplacez votre doigt.

8 Appuyez deux fois rapidement sur l'écran pour revenir à la taille de base.

9 Vous pouvez aussi appuyer avec deux doigts puis les écarter pour augmenter le zoom.

10 Pincez l'écran, c'est à dire appuyez avec deux doigts, puis rapprochez-les pour réduire le zoom.

Visionner les photos et vidéos enregistrées

La suppression des photos et vidéos a pour but d'éliminer les éléments ratés ou indésirables afin de ne pas encombrer la Galerie. Mais cela a aussi pour but de libérer de l'espace de stockage pour d'autres photos et/ou vidéos.

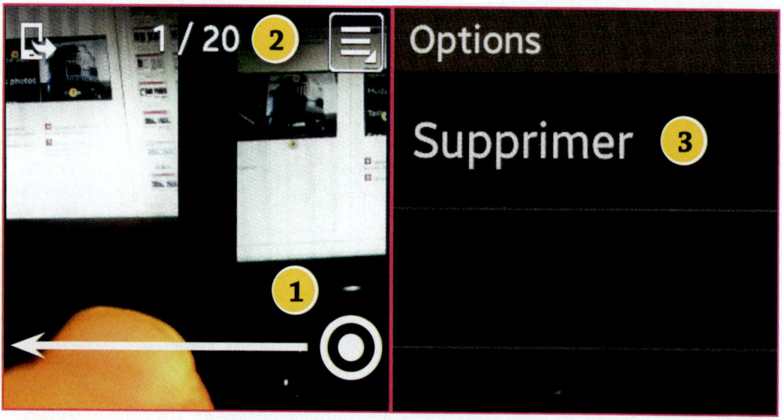

1 Lorsqu'une photo ou une vidéo est affichée à l'écran, vous pouvez parcourir la Galerie horizontalement. Appuyez sur le l'écran, puis faites glisser votre doigt vers la droite ou vers la gauche.

2 L'icône en haut à droite vous donne accès à l'option de suppression.

3 Dans l'écran qui s'affiche, appuyez sur **Supprimer** pour effacer la photo ou la vidéo de votre Gear.

4 Si vous avez plusieurs photos ou vidéos à supprimer, effectuez un appui long sur la photo ou la vidéo affichée en plein écran.

SIMPLE COPIE Les photos et vidéos capturées avec votre Gear et transmises à votre Note 3 sont des simples copies. Cela signifie que si vous les supprimez d'un des appareils, les photos et vidéos sont toujours présentes sur l'autre.

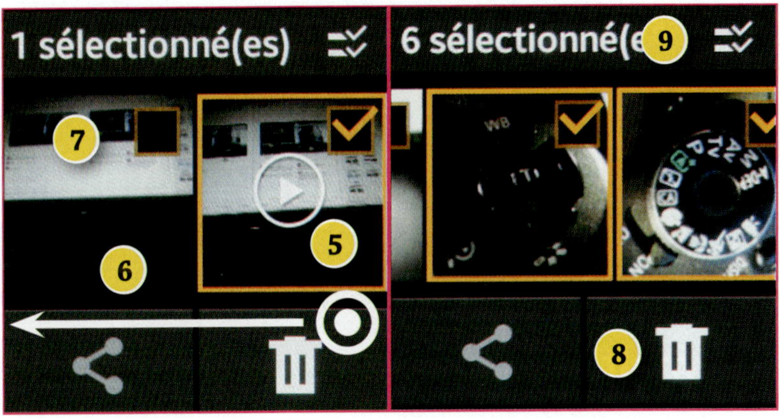

5 Dans l'écran qui s'affiche, la photo ou la vidéo sur laquelle vous avez effectué un appui, apparaît en vignette et est sélectionnée.

6 Vous pouvez faire défiler la Galerie pour rechercher les autres éléments à supprimer. Faites glisser votre doigt vers la droite ou la gauche.

7 Appuyez sur l'élément à supprimer puis répétez la procédure.

8 Appuyez sur le bouton avec une corbeille pour icône, afin de supprimer les éléments sélectionnés. Une confirmation de suppression sera demandée.

9 Le bouton en haut à droite permet de sélectionner toutes les photos et vidéos. Un second appui dessus désélectionne tous les éléments.

Utiliser le contrôleur multimédia

Votre Note 3 vous permet d'écouter de la musique, avec ou sans casque ou reliée à un système audio, mais il n'est pas forcément pratique de le contrôler s'il est dans votre poche ou sur une table à distance. Votre Gear vous permet de contrôler la lecture et le volume de votre Note 3.

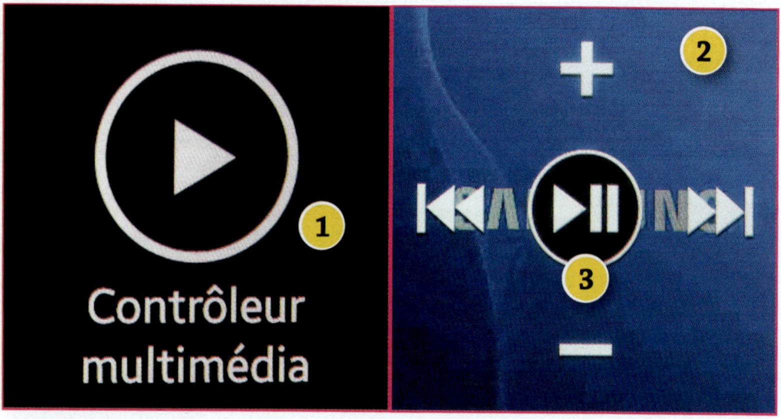

1 Accédez à l'application **Contrôleur multimédia**.

2 L'accueil du **Contrôleur multimédia** se présente sous la forme de cinq boutons.

3 Au milieu, c'est le bouton permettant de démarrer la lecture sur votre Note 3 et de la mettre en pause.

CHANGEMENT À PARTIR DE LA NOTE 3 **Si vous changez de piste directement depuis votre Note 3, l'information est répercutée sur votre Gear qui affichera le nouveau nom de la piste et de l'artiste.**

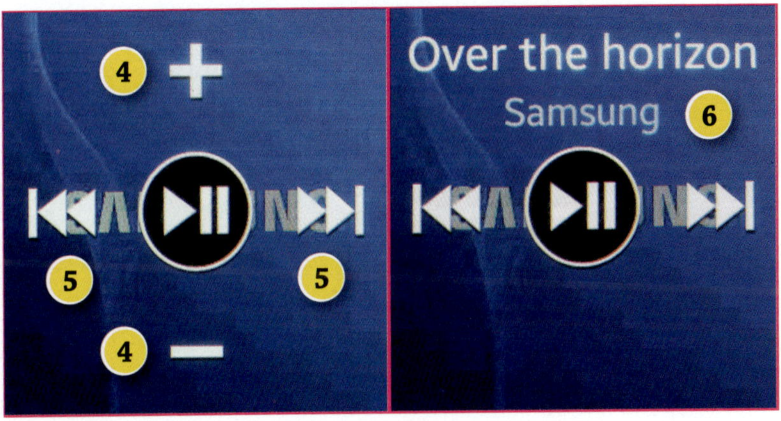

4 En haut et en bas sont placés les boutons contrôlant le volume.

5 De chaque côté sont placés les boutons permettant de changer de pistes.

6 Lors de la lecture, effectuez un bref appui pour visualiser le nom de la piste et le nom de l'artiste.

Gérer le volume et la luminosité

Les conditions lumineuses et de bruit ne sont pas égales durant la journée et suivant l'endroit où vous vous trouvez. Vous pouvez modifier ces paramètres dans les différents réglages ou utiliser un raccourci disponible à tout moment.

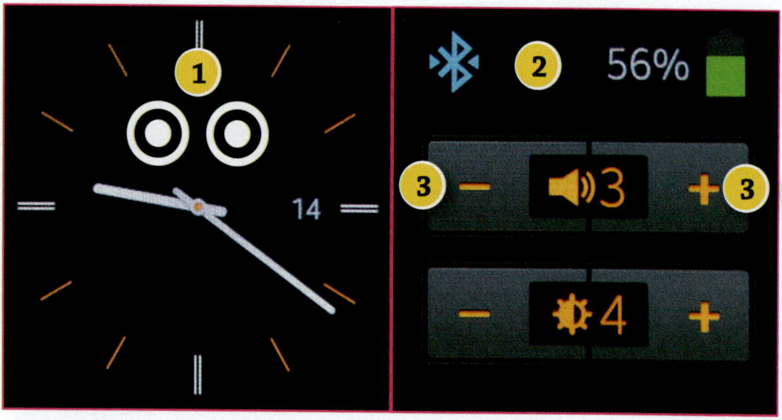

1 Peu importe sur quel écran vous êtes ou quelle application est en fonctionnement, appuyez deux fois de suite avec deux doigts sur votre écran.

2 L'écran de raccourcis des paramétrages est affiché.

3 Utilisez les touches - et + du haut pour modifier le volume.

PERTE DE CONNEXION **La perte de connexion entre votre Gear et votre Note 3 peut être due à deux principaux facteurs : une distance trop éloignée entre les deux appareils ou la désactivation du Bluetooth sur la Note 3.**

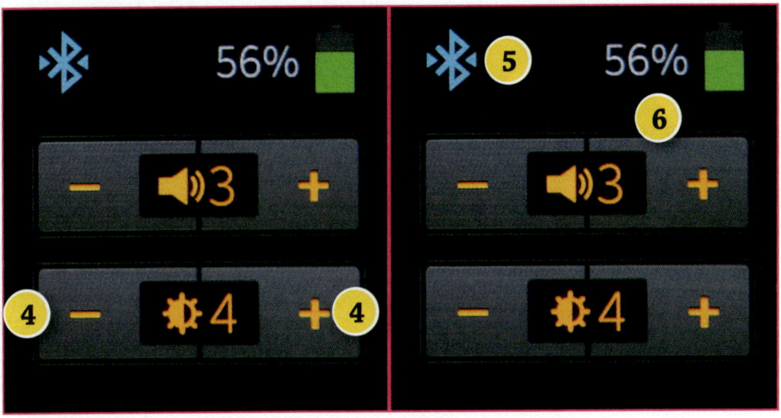

4 Utilisez les touches - et + du bas pour modifier la luminosité.

5 Cet écran affiche aussi l'état de la connexion Bluetooth avec votre Note 3. Si c'est bleu, la connexion est bonne, si c'est gris, il n'y a pas de connexion.

6 L'état de la batterie est aussi indiqué en pourcentage.

S'entretenir avec la Gear

Sans mettre en place un programme sportif complexe, vous pouvez à l'aide de votre Gear vous entretenir un peu. En effet, un podomètre équipe votre Gear et un programme le gère directement sur votre montre.

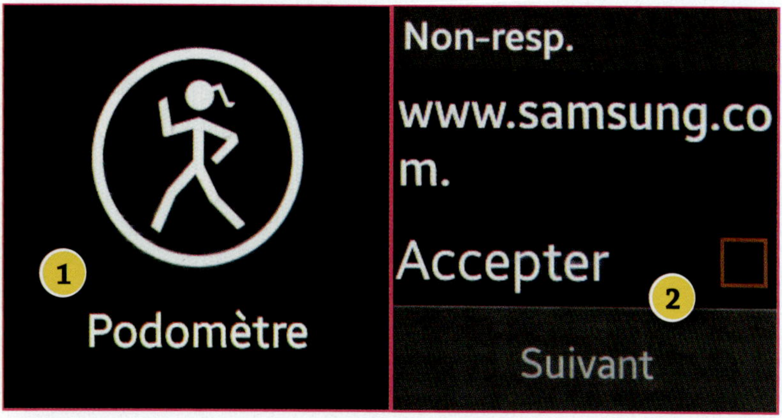

1 Accéder à l'application Podomètre. Le premier démarrage de l'application nécessite quelques réglages.

2 Dans le premier écran, vous devez accepter les conditions d'utilisation et décharges de responsabilités de Samsung. Appuyez sur la case **Accepter** puis appuyez sur **Suivant**.

HORLOGE ET PODOMÈTRE **Une des horloges disponibles dans le Gear Manager permet d'afficher l'heure et le nombre de pas effectués. Idéal si vous utilisez la fonction podomètre de votre Gear.**

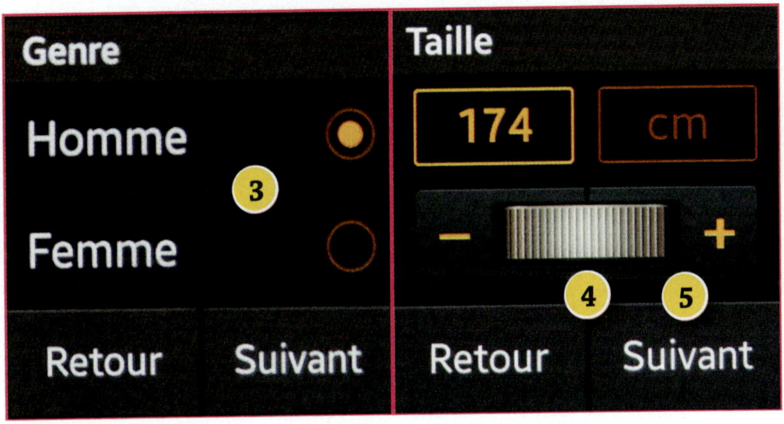

3 Dans l'écran suivant, indiquez votre sexe.

4 Les deux écrans suivants vous permettent d'indiquer votre taille et votre poids. Ils fonctionnent de la même manière. Utilisez la roue dentée pour modifier rapidement la valeur, ou utilisez les boutons - et **+** pour affiner le réglage.

5 Appuyez sur **Suivant** pour passer à l'étape suivante.

S'entretenir avec la Gear

Se maintenir en forme avec la Gear ne remplace pas une véritable activité sportive. Néanmoins, se fixer un certain nombre de pas à réaliser par jour permet de garantir un minimum d'activité.

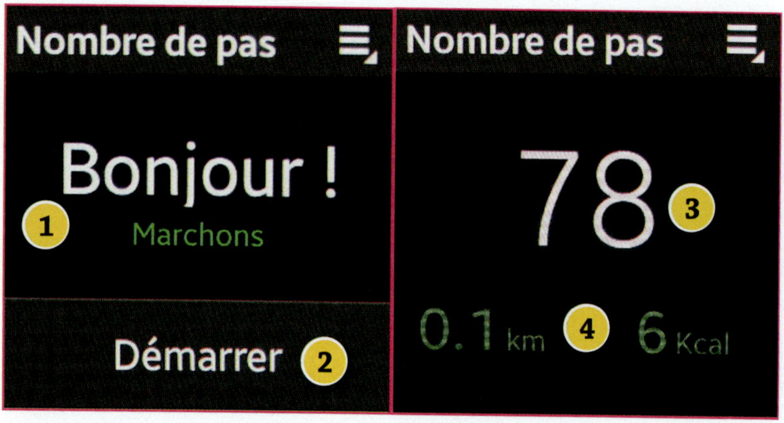

1 Après l'affichage d'un écran vous indiquant rapidement le fonctionnement du podomètre, vous arrivez sur l'écran d'accueil.

2 Appuyez sur le bouton **Démarrer** pour activer le comptage des pas.

3 Le comptage des pas commence et le nombre est indiqué à l'écran.

4 Sont aussi indiqués à l'écran, la distance parcourue, ainsi que le nombre de calories brûlées.

CONSIGNE DE SÉCURITÉ Le programme de marche soutenue est un exercice sportif à part entière. À ce titre, il est conseillé de consulter votre médecin traitant pour savoir si cette activité est conseillée ou non pour vous. Cela dépend de votre âge, de votre poids et de vos antécédents médicaux ou de ceux de votre famille.

5 En faisant glisser votre doigt de la gauche vers la droite, vous accédez à la fonction d'exercice de marche.

6 Celui-ci vous indique si vous avez un rythme de marche assez rapide pour brûler efficacement des calories. Si la mention **March. + vite** est indiquée, c'est que votre rythme n'est pas assez soutenu.

7 Si la mention **Brûleur** et une flamme sont affichées, c'est que votre rythme est bon. Autour de cette mention des arcs de cercle verts vous indique votre rythme.

S'entretenir avec la Gear

La Gear a beau proposer cette fonction orientée sport, cette montre n'est pas une montre sportive dans le sens où elle n'est pas prévue pour des températures élevées ou trop basses ou encore, une trop grande humidité que peut apporter la transpiration.

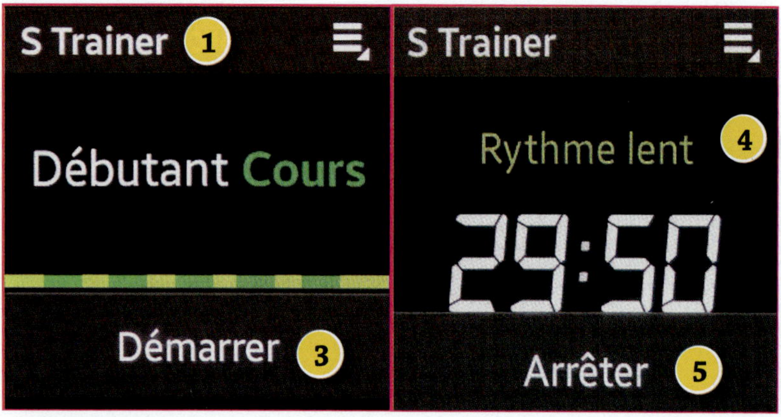

1 En partant de l'écran d'accueil de l'application podomètre, faites glisser votre doigt de droite à gauche pour accéder à la fonction d'entraînement : **S Trainer**.

2 **S Trainer** vous permet de suivre un entraînement plus évolué avec différentes phases : marche, marche rapide et course.

3 Appuyez sur **Démarrer** pour commencer l'entraînement.

4 L'entraînement démarre. Suivez les instructions lorsque votre Gear vous l'indique.

5 Pour stopper l'entraînement, appuyez sur l'écran puis sur le bouton **Arrêter**. Vous devrez valider l'arrêt de la session dont les données ne seront pas sauvegardées.

REMISE À ZÉRO **Tous les jours à minuit, le compteur de pas est automatiquement remis à zéro. Vous pouvez forcer cette remise à zéro dans les options de l'application.**

6 Pour chaque fonction du podomètre (normal, exercice de marche et S Trainer), des options sont accessibles en appuyant sur le bouton en haut à droite.

7 Un menu sera affiché vous proposant différentes options et notamment celle qui permet de modifier le profil utilisateur, c'est-à-dire principalement le poids. La modification du profil utilisateur s'applique à toutes les fonctions du podomètre.

Utiliser S Voice

S Voice vous permet de commander votre Gear et votre Note 3, à travers Gear, vocalement. Ainsi, vous pouvez envoyer un message à un de vos contacts, composer un numéro, démarrer une application, etc.

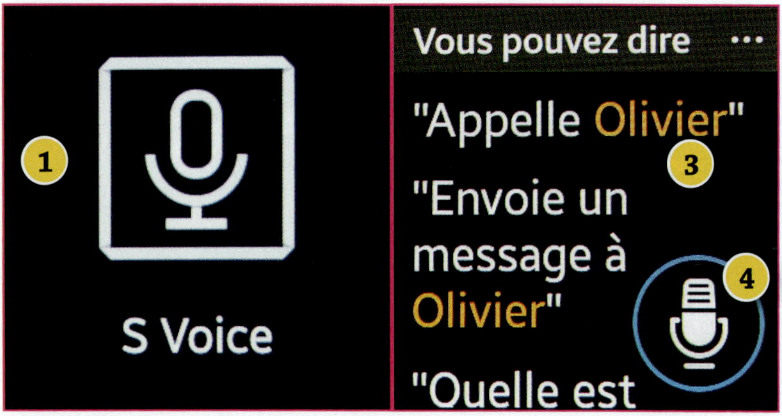

1 Dans la liste des applications, accédez à S Voice.

2 Vous pouvez aussi appuyer rapidement deux fois de suite sur le bouton **Marche/Arrêt**.

3 L'écran d'accueil de S Voice est affiché et vous propose quelques exemples de commandes vocales.

4 Le microphone est bleu et clignote, ce qui signifie qu'il est actif. S'il est gris, il n'est pas actif, il faut appuyer dessus.

5 Dictez directement votre commande.

CONNEXION OBLIGATOIRE **Pour que S Voice fonctionne, votre Gear et votre Note 3 doivent être connectées et votre Note 3 doit avoir une connexion Internet active, Wi-Fi ou Data. En effet, votre voix est analysée par les services de la société Nuance, partenaire de Samsung pour la reconnaissance vocale.**

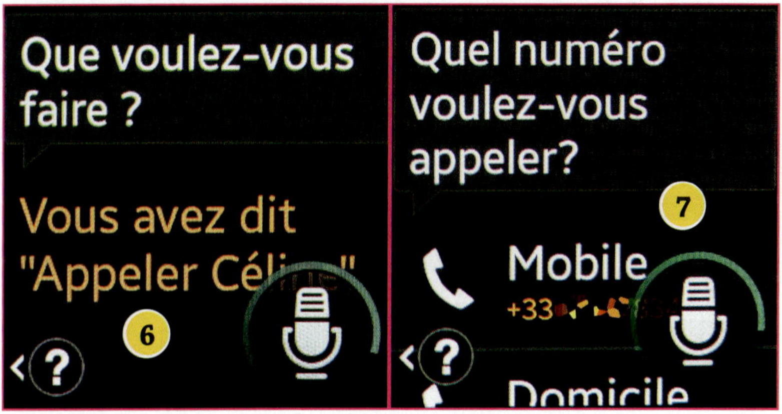

6 En fonction de la commande, S Voice vous demande de confirmer la commande, vous propose plusieurs choix ou vous indique que la commande n'a pas été comprise.

7 Appuyez sur le résultat de votre choix, répétez la commande ou formulez-la différemment pour que S Voice la comprenne.

Téléphoner avec la Gear

Même si votre Gear n'est pas un téléphone, sa connexion avec votre Note 3 et son équipement audio vous permet d'appeler et de recevoir des appels directement dessus.

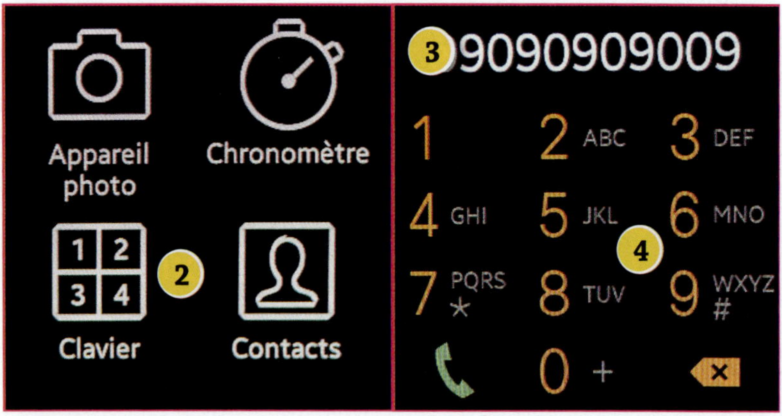

1 Pour accéder à la fonction de téléphonie de votre Gear, placez-vous sur l'écran d'accueil, l'Horloge, puis faites glisser votre doigt du bas de l'écran vers le haut.

2 L'accès au clavier peut se faire aussi *via* l'écran **Applications**.

3 À l'aide du clavier, composer votre numéro.

4 Les chiffres du clavier correspondent aussi aux lettres de l'alphabet, ce qui vous permet de saisir le nom d'un contact pour le rechercher. Ainsi pour le contact prénommé **Céline**, appuyez sur les touches **235463**.

DISCRÉTION **Passer et recevoir ses appels sur la Gear n'est pas synonyme de discrétion. En effet, votre discussion sera retransmise via le haut-parleur de la montre et elle pourra être écoutée par les personnes qui vous entourent. Donc, si votre discussion nécessite de la discrétion ou si l'environnement ne se prête pas à l'utilisation de la Gear, passez sur votre Note 3.**

5 Avant même de finir la saisie du nom ou prénom du contact recherché, Gear analyse votre saisie et affiche en haut à droite le nombre de contacts présentant les lettres saisies. Appuyez dessus pour visualiser les contacts.

6 La liste de contacts potentiels est affichée. Appuyez sur celui de votre choix. Si celui-ci est associé à plusieurs numéros, vous devrez appuyer sur le numéro à appeler.

Téléphoner avec la Gear

L'utilisation de votre Gear pour gérer vos appels est très gourmande en énergie. C'est pour cela que durant l'appel, l'écran de la Gear est mis en veille. Appuyez dessus pour le réactiver et accéder aux commandes de l'application.

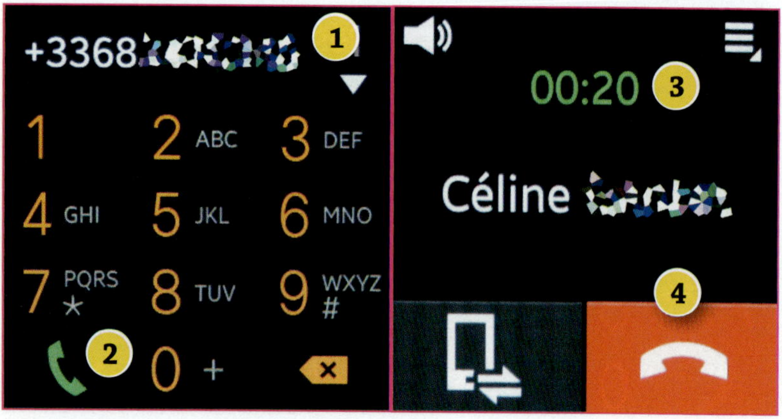

1 Le numéro est affiché au-dessus du clavier.

2 Appuyez sur le téléphone vert pour déclencher la numérotation.

3 L'appel démarre et la durée de conversation est affichée.

4 Pour mettre fin à l'appel, appuyez sur le téléphone rouge.

APPEL AVEC S VOICE **Vous pouvez utilisez S Voice pour déclencher un appel. Utilisez la commande Appeler suivi du nom du contact ou du numéro de téléphone. S Voice vous demandera de confirmer l'appel et le contact à appeler.**

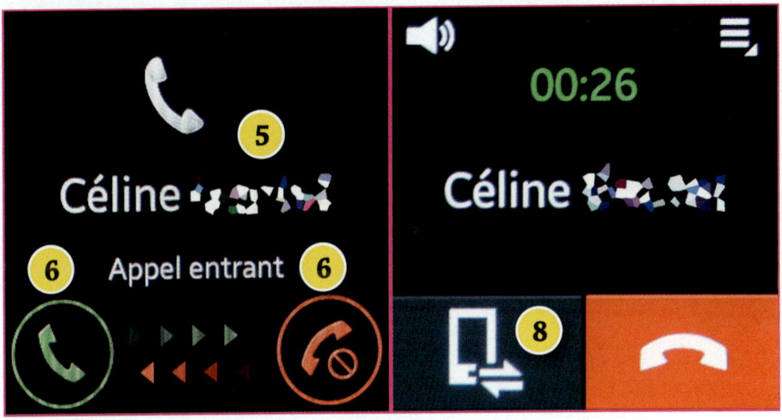

5 Si vous recevez un appel, votre Gear sonne et affiche le numéro et/ou le nom du contact, sauf pour les appels masqués.

6 Pour refuser l'appel, faites glisser le téléphone rouge sur la gauche. Pour prendre l'appel, faites glisser le téléphone vert sur la droite.

7 La suite de l'appel se passe comme pour un appel émis.

8 Durant la conversation vous pouvez basculer l'appel de votre Gear vers votre Note 3. Appuyez sur cette icône. La Gear est alors mise en veille et votre Note 3 prend le relais pour l'appel.

GLOS

SAIRE

GLOSSAIRE

3G

La 3G est une norme de téléphonie mobile dite de troisième génération. Elle permet principalement d'atteindre de hauts débits pour Internet, jusqu'à 42 Mb/s, de recevoir la télévision et d'effectuer des appels vidéo.

4G

La 4G est une norme de téléphonie mobile dite de quatrième génération en cours de déploiement en France. Le débit Internet peut atteindre jusqu'à 1 Gb/s à l'arrêt et 100 Mb/s en mouvement.

Carte SIM

Morceau de plastique contenant une puce électronique et un microcontrôleur. Elle contient des informations spécifiques à l'abonné, au réseau téléphonique utilisé, des données personnelles ou celles liées à des applications.

Clavier virtuel

Clavier affiché sur l'écran du smartphone ou de la tablette qui remplace un clavier physique pour la saisie de texte.

Compte IMAP

Compte e-mail utilisant le protocole IMAP qui permet la synchronisation d'un logiciel de gestion d'e-mails avec les serveurs. Ce compte permet la gestion du compte par plusieurs clients de messagerie.

Compte POP

Compte e-mail utilisant le protocole POP permettant la récupération des e-mails sur un serveur, mais d'en laisser. Ce protocole ne permet pas la gestion du compte par plusieurs clients de messagerie.

Connecteur Micro USB

Type de connecteur utilisant la norme USB de taille réduite. Permet la connexion du smartphone à un ordinateur.

Connexion de données

Utilisation du réseau téléphonique pour transférer des données. La principale utilisation de la connexion de données est la connexion à Internet.

Facebook

Réseau social le plus fréquenté permettant de communiquer et d'échanger des informations (photos, vidéos, textes, etc.) avec d'autres personnes.

Favoris

Appellation donnée à un raccourci vers un site Internet enregistré dans le navigateur Internet.

Gmail
Service d'e-mail gratuit de Google.

Itinérance (roaming)
Faculté pour un abonné d'utiliser les services d'un autre opérateur. C'est principalement utilisé lors de déplacements à l'étranger, mais ce service peut entraîner un surcoût.

MMS
Abréviation de *Multimedia Messaging Service*. Évolution du SMS permettant l'adjonction de pièces jointes telles que photos ou vidéos. Tous les téléphones ou smartphones ne sont pas capables de gérer les MMS.

Onglets
Système utilisé dans les navigateurs Internet pour afficher plusieurs pages dans une seule fenêtre.

Pincer
Action d'appuyer avec deux doigts sur l'écran, de maintenir la pression et de les rapprocher. Permet, le plus souvent, dans une application, de réduire le zoom.

Play Store
Boutique en ligne de Google permettant de télécharger et/ou d'acheter des applications, livres, films et de la musique.

Reconnaissance vocale
Capacité de votre smartphone à reconnaître votre voix et à exécuter des tâches ou à retranscrire en texte votre dictée. Nécessite une connexion à Internet.

Samsung Apps
Boutique en ligne de Samsung permettant de télécharger et/ou d'acheter des applications.

Smartphone
Téléphone mobile évolué permettant, en plus de la téléphonie, de se connecter à Internet, de recevoir la télévision, etc. Il dispose généralement d'un grand écran tactile.

SMS
Abréviation de *Short Message Service*. Permet d'échanger des messages de texte d'une longueur maximale de 160 caractères.

Streaming
Action de lire en continu et en direct une source audio et/ou vidéo à partir d'Internet.

Stylet
Stylo électronique permettant d'effecteur certaines opérations, comme écrire ou dessiner.

Twitter
Système de microbloging qui permet de publier des messages de 140 caractères au maximum.

Wi-Fi
Système de communication sans fil entre plusieurs appareils.

IND

EX

INDEX

A

Action Memo 178
Air Command 176
Album 180
Alimentation 12
Appareil photo 68
Applications 50, 132, 134
flottantes 186
Gear 213
gérer 54
Autorisations 125

B

Batterie 45
Boîtier de la Gear 204
Boutons Accueil, Menu, Retour.. 8

C

Caméra 8, 10, 84
Capteur infrarouge 9
Capturer une vidéo 86
Carte de paiement 33
Carte mémoire 9
Compte 126
de sauvegarde 165
e-mail 141
Google 28
Samsung 20, 119, 126
Contrôleur multimédia 232

D

Démarrage 14, 172

E

Écran 54, 64
d'accueil 42
E-mail 140
Équaliseur 102
Éteindre 38

F

Facebook 154
Favoris 164
Fond 64

G

Galerie 183
Gear 206
Gear Manager 210
Gérer les applications 54
Gmail 148
Google+ 150
Groupes d'applications 56

H

Haut-parleurs 10

M

Messagerie 140
Mettre en veille 36
Micro USB 9
MP3 98
Multiécran 194
Musique 94

N

Navigateur Internet 162
Naviguer 220
Notes évoluées 190

P

Pages 46
Paramétrer
  caméra 84
  Gear 212
  Note 3 172
Photos 224
  prise de vue 74
  retoucher 78
Play Store 128
Premier démarrage 14, 172

R

Redémarrer 38
Retoucher des photos 78
Réseau social
  Google+ 32

S

Samsung Apps 116, 122, 126
Samsung Kies 96
S'entretenir 236
S Finder 184
S Voice 242
Stylet 174

T

Téléphoner 244
Tour du propriétaire 8, 168, 202
Twitter 158

V

Vidéos 106, 226
Volume 9, 100, 234

W

Widgets 60, 62
Wi-Fi 16, 26

Y

YouTube 112

Copyright © 2015 : Micro Application - ESKA
12, rue du Quatre-Septembre
75002 Paris
1ère Édition - Février 2014

Auteur et mise en page : Nicolas Boudier-Ducloy

ISBN : 978-2-8224-0397-9